四部要籍選刊

蔣鵬翔 主編

# 阮刻禮記注疏

四

（清）阮元 校刻

浙江大學出版社

# 本册目録（四）

# 附釋音禮記注疏卷第十一

鄭氏注　孔穎達疏

王制第五○陸曰如字徐于況反盧云漢文帝令博士諸生作此篇【疏】正義曰案鄭目録云名曰王制者以其記先王班爵授祿祭祀養老之法度此於別録屬制度王制之作蓋在秦漢之際知者案下文云有正聽之鄭云漢有正平承秦所置又有古者以周尺之言今以周尺之語則知是周亡之後也秦昭王亡周故鄭荅臨碩云孟子當赧王之際王制之作復在其後盧植云漢孝文皇帝令博士諸生作此王制之書

王者之制祿爵公侯伯子男凡五等諸侯之上大夫卿下大夫上士中士下士凡五等二五象五行剛柔十日祿所受食爵秩次也上大夫曰卿○王者如字徐于況反卞日人一反【疏】王者至五等○正義曰此一經論爲王者之制祿爵公侯卿大夫以下及士之法凡王者之制度祿爵爲重其食祿受爵之人有公侯伯子男

並南面之君凡五等也其諸侯之下北面之臣有上大夫卿有下大夫有上士有中士有下士凡五等也南面之君五者○法五行之剛日北面之臣五者法五行之柔日不以王朝之臣而以諸侯臣者王朝之臣本是事王今王制統天下故不自在其數謂制統天下之君及天下之臣取君臣自相對故不取王臣也此作記者雖記虞氏皇而祭之文大都捴記三王制度故言王者之制不云帝皇制也不云天子制者白虎通云王是天子爵號穀梁傳曰王者仁義歸往曰王以其身有仁義衆所歸往謂之王王者制統海內故云王制不云天子制也凡王者不得稱官故學記云大德不官而得稱職故詩云袞職有闕考工記云國有六職坐而論道謂之王公是也此並互文以見義既天子不官亦當不主一職若以主天下爲職亦得管天下爲官矣祿者穀也故鄭注司錄云祿之言穀年穀豐乃後制祿援神契云祿者錄也白虎通云祿者錄也○上以收錄接下下以名錄謹以事上是也爵者盡也熊氏云○醮盡其才而用之故白虎通云爵者盡也所以盡人才是也按下文云位定然後祿之又大司徒云十有一曰以賢制爵十有二曰以庸制祿並祿在爵後此祿在爵前者祿是田財之物班布在下最是國之重事須裁節得所王者制度重之故在於先故此經下文先云天子之田乃云諸侯之田

次云制農田又云下士視上農夫祿又云君十卿祿並先言祿下始云次國上卿當大國中卿是後云爵也熊氏皇氏以爲試功之祿故在爵前按此王者制度必當舉其正禮何得唯明試功之祿下云君十卿祿豈試功乎熊氏皇氏之說於義疑也公者按元命包云公者爲言平也公平正直侯者候也候王順逆伯者伯之爲言白也明白於德也子者奉恩宣德男者任功立業此五等者謂虞夏及周制殷則三等公侯伯也此公侯伯子男獨以侯爲名而稱諸侯者舉中而言又爾雅侯爲君故以侯言之伯亦居中不言諸伯者嫌是東西二伯及九州之伯故也上大夫卿者見下文云下大夫倍上士卿四大夫祿是下大夫之上則有卿故知上大夫即卿也此上大夫卿外惟有下大夫所以下文除卿之外更有上大夫下大夫者謂就下大夫之中更分爲上下耳卿者白虎通云卿之言嚮也爲人所歸嚮大夫者達人謂扶達於人士者事也皇氏熊氏皆爲任職事其大夫之稱亦得兼三公故詩云三事大夫謂三公也上大夫卿亦兼孤也故春秋陽處父爲大傅經云晉殺其大夫陽處父是也孤亦稱公故鄉飲酒禮云公三重是孤也卿亦得稱公故春秋襄三十年傳云鄭伯有之臣稱伯有曰吾公在壑谷士既命同而分爲三等者言士職卑德薄義取漸進故細分爲三卿與大夫德高位顯

各有别命不復細分其諸侯以下及三公至士揔而言之皆謂之官官者管也以管領爲名若指其所主則謂之職故周禮云設官分職遍卿大夫士也知諸侯亦爲官者尚書周官云唐虞稽古建官惟百下云外有州牧侯伯是州牧侯伯亦爲官也若細而言之諸侯非偏有所主則非官也故學記云大德不官注云天子諸侯是也諸侯亦稱職故左傳云小有述職大有巡功述職謂諸侯朝天子是諸侯稱職也其爵則殷以前大夫以上有爵故士冠禮云古者生無爵死無謚謂士也周則士亦有爵故鄭注周制以士爲爵死猶不爲謚耳是也○注二五至十日○正義曰知象陰陽者按元命包云周爵五等法五精注云五精是其揔法五行分之則法五剛甲丙戊庚壬其諸侯之臣法五柔乙丁巳辛癸是也

天子之田方千里象日月之大亦取晷同也此謂縣内以祿公卿大夫元士○晷音軌日影公侯田方百里伯七十里子男五十里不能五十里者不合於天子附於諸侯曰附庸天子之三公之田視公侯天子之卿視伯天子之

大夫視子男天子之元士視附庸皆象星辰之大小也不合謂不朝會也小城曰附庸附庸者以國事附於大國未能以其名通也視猶比也元善也善士謂命士也此地殷所因夏爵三等之制也殷有鬼侯梅伯春秋變周之文從殷之質合伯子男以爲一則殷爵三等者公侯伯也異畿内謂之子周武王初定天下更立五等之爵增以子男而猶因殷之地以九州之界尚狹也周公攝政致大平斥大九州之界制禮成武王之意封王者之後爲公及有功之諸侯大者地方五百里其次侯四百里其次伯三百里其次子二百里其次男百里所因殷之諸侯亦以功黜陟之其不合者皆益之地爲百里焉是以周世有爵尊而國小爵卑而國大者唯天子畿内不增以祿羣臣不主爲治民○朝直遥反卷内皆同畿求衣反狹音洽後文同大平音泰斥昌石反黜陟上丑律反下竹力反主爲于僞反下爲有亦爲有同

【疏】天子至附庸○正義曰此一節論天子畿内之田及畿外五等諸侯及畿内公卿受地多少之法各隨文解之○注象日至元士○正義曰按元命包云日圓望之廣尺以應千里故云象日月之大亦取晷同也者按考靈耀云地與星辰四遊升降於三萬里之中夏至之景尺有五寸是半三萬里得萬五千里故鄭注司

徒云凡日景於地千里而差一寸是千里同一寸也細而言
之就千里之內亦漸漸分數不同此云同一寸者大畧而言
之非但象日月大小又取畧同故云亦云以祿公卿大夫元
士者即下爻三公之田視公侯天子之卿視伯以下是也按
下注云待封王之子弟此唯言公卿大夫元士者舉正者言
之耳○注皆象至治民○正義曰皆象星辰之大小也者按
元命包云王者封之。上應列宿之位注云若角亢爲鄭房心
爲宋之比又云其餘小國不中星辰者以爲附庸是象星辰
大小也非但象星辰其百里者又象雷故援神契云王者之
後稱公大國稱侯皆千乘象雷震百里是取法於雷也其七
十里者倍減於百里五十里者倍減於七十里故孝經云德
不倍者不異其爵功不倍者不異其土故轉相半。別優劣云
不合謂不朝會也者謂不得與諸侯集合朝會天子也云小
城曰附庸者庸城也謂小國之城不能自通以其國事附於
大國故曰附庸此不能五十里故爲小國之城若詩崇墉言
言及易公用射隼于高墉之上是大國之城亦名庸也云元
善也善士謂命士也者按易文言云元者善之長也故元爲
善也按周禮注天子上士三命中士再命下士一命故云善
士謂命士則上中下之士皆稱元士也天子之士所以稱元
者異於諸侯之士也周禮公侯伯之士雖一命不得稱元士

其夏殷以上諸侯之士皆不命也故下文云小國之卿與下大夫一命是士不得命也云此地殷所因夏爵三等之制也者以夏會諸侯於塗山執玉帛者萬國若不百里七十里五十里則不得爲萬國也故知夏爵三等之制如此經文不直舉夏時而云殷所因者若經指夏時則下當云萬國不得云凡九州千七百七十三國故以爲殷所因夏爵三等之制也其國則少於夏也云殷有鬼侯梅伯按明堂位云脯鬼侯又呂氏春秋云昔紂爲無道殺梅伯而醢之殺鬼侯而脯之以禮諸侯於廟楚辭云梅伯葅醢是殷有鬼侯梅伯也鄭引此者證殷有侯有伯二王之後稱公則殷亦有公可知也云春秋改周之文從殷之質合伯子男以爲一者按公羊傳桓十一年九月鄭忽出奔衛忽何以名春秋伯子男一也辭無所貶何休云春秋改周之文從殷之質合伯子男爲一一辭無所貶皆從子春秋之時伯亦得稱子子亦得稱伯今鄭是伯爵忽若稱子與成君無異則不見在喪之降貶故在喪降而稱名非爲貶責稱名故云辭無所貶何休之意合伯子男爲一皆從稱子也鄭康成此注之意合伯子男以爲一皆稱伯也與何休不同故鄭云殷爵三等者公侯伯也若殷家夷狄之君大者亦稱伯故書序云巢伯來朝注云伯爵也南方遠國云則殷爵三等者公侯伯也者則公百里侯七十里伯五

十里也云異畿內謂之子者畿外既有公侯伯標異畿內特
謂之子爵雖爲子若作三公則受百里之地若作卿則受七
十里之地若作大夫則受五十里之地殷家雖因於夏畿內
之制與夏不同夏之畿內國皆方五十里故鄭注尚書萬國
之數云四百國在畿內是皆五十里殷之畿內據下文有百
里之國九七十里之國二十有一五十里之國六十有三凡
九十三國是與夏不同也張逸問殷爵三等公侯伯尚書有
微子箕子何鄭荅云微子箕子實是畿內采地之爵非畿外
治民之君故云子也云周武王初定天下更立五等之爵增
以子男者按尚書武成云列爵惟五分土惟三既云列爵惟
五故知增以子男也云而猶因殷之地以九州之界尚狹也
者解所以列爵既五則應五等之土上公五百里以下猶因
殷之地公侯百里伯七十里子男五十里爲三等以伐紂
九州之地尚狹未得五等之封故也云周公攝政致太平
斥大九州之界制禮成武王之意者斥大謂開斥廣大於先
中國方三千里今方七千是斥大九州之界也武王既列爵
惟五是意欲爲五等之封但爲界狹今周公爲五等之封是
成武王之意云諸侯大者地方五百里以下皆大司徒職文
云所因殷之諸侯亦以功黜陟之者謂周之諸侯既以有功
封建其國所因殷之諸侯既無大罪不可以絶滅亦如周之

諸侯以勳多少黜退之升陟之殷之諸侯大者百里今日有功則升陟或二百里或三百里是陟之也云黜者謂於周家有過諸侯黨紂爲惡者皆黜退之不復得爲諸侯或黜咸至七十五十里或有罪黜爲附庸也云其不合者皆益之地爲百里焉謂其不以功過黜陟者謂平常諸侯皆益之地使滿百里焉云周世有爵尊而國小爵卑而國大者張逸疑而不解以問於鄭鄭荅之云設今有五十里之國於此無功可進無過可退亦就益其地爲百里之國爵尊而國小者若虞虢之君爵爲公地方百里爵卑而國大者侯四百里伯三百里子男二百里皆大於虞虢鄭通言男亦二百里者據男有功得附庸者言之耳大於虞虢百里之意云惟天子畿内不增以禄羣臣不主爲治民者解畿内之地公侯伯子男皆增其地今畿内公卿大夫采地不增益之者本以禄賜羣臣不須增益其地以其不主爲治民者也外土諸侯本爲治民須使民利國故須增益其封周之畿内有百里之國有五十里之國有二十五里之國鄭注小司徒云百里之國凡四都五十里之國凡四縣二十五里之國凡四甸故崔氏云畿内有百里之國有五十里之國有二十五里之國元命包云周爵五等法五精春秋三等象三光說者因此以爲文家爵五等質家爵三等若然夏家文應五等虞家質應三等按虞書輯五

瑞修五禮五玉豈復三等乎又禮緯含文嘉云殷爵三等殷正尚白白者兼正中故三等夏尚黒亦從三等按孝經夏制而云公侯伯子男是不爲三等也含文嘉之文又不可用也○制農田百畝百畝之分上農夫食九人其次食八人其次食七人其次食六人下農夫食五人庶人在官者其禄以是爲差也農夫皆受田於公田肥墽有五等收入不同也庶人在官謂府史之屬官長所除不命於天子國君者分或爲糞○分扶問反食音嗣下同徐音自差初佳反徐初宜反下注同墝本又作墽苦交反長丁丈反下文及注皆同糞方運反諸侯之下士視上農夫禄足以代其耕也中士倍下士上士倍中士下大夫倍上士卿四大夫禄君十卿禄次國之卿三大夫禄君十卿禄小國之卿倍大夫禄君

十卿祿此班祿尊卑之差

疏

制農至卿祿。正義曰此一節論制農田有上中下以祿庶人在官及士大夫并卿及君之祿各隨文解之。注農夫至爲糞。正義曰農夫皆受田於公者以經云制農田是王者制度授農以田是農夫受田於公也云肥墽有五等收入不同也者按周禮地有九等故司徒上地家七人中地家六人下地家五人注云有夫有婦然後爲家自二人以至於十人爲九等一家男女七人以上則授之以上地所養者衆也男女五人以下則授之以下地所養者寡也正以七人六人五人爲率者舉中而言如鄭此言上地家七人者爲中地之上家六人者謂中地之中家五人者謂中地之下以此推之下地之上家四人下地之中家三人下地之下家二人則上地之上家十人上地之中家九人上地之下家八人是有九等從十人而以至於二人此經地惟五等自九人而下至五人不同者大司徒所云農夫授田實有九等此據準庶人在官之祿最下者猶五人故從上農夫至五人而已司徒上地家十人此云上農夫食九人者謂上中之地亦爲上地即上農夫不言上上者欲取九人當下士祿亦與司徒不異也既有九等按大司徒不易之地家百畮一易之地家二百畮再易之地家三百畮地惟有三等者大司徒言其大綱其實不易一易再易各爲三等則九等也按。異義左氏說山林之地九夫爲度九度而當一井藪澤之地九夫爲鳩八鳩。當一井京陵之地九夫爲辨七辨而當一井淳鹵之地九夫爲表六表而當一井疆潦之地九夫爲數。五數。而當一井偃豬之地九夫爲規四規而當一井原防之地九夫爲町三町而當一井隰皐之地九夫爲牧二牧而當一井衍沃之地九夫爲井井賦法積四十五。除山川坑岸三十六井定出賦者九井則千里之畿地方百萬井除山川坑岸三十六萬井定出賦者六十四萬井長轂萬乘如異義此說則方十里凡百井三十六井爲山川坑岸六十四井爲平地出稅按鄭注小司徒成方十里緣邊一里治爲溝洫則三十六井其餘方八里爲甸六十四井出田稅與異義不同者異義所云通山林藪澤九等而言之鄭注小司徒者據衍沃平地而言之所以不同也異義九等者據大略國中有山林至衍沃之等言之周禮九等者據授民地肥瘠有九等與異義不同也尚書禹貢注云一井上上出九夫稅上中出八夫稅上下出七夫稅中上出六夫稅中中出五夫稅中下出四夫稅下上出三夫稅下中出二夫稅下下出一夫稅所以又有此九等者以禹貢九州有上中下九等出沒不同故以井田計之以一州當一井假令冀州上上出九百萬夫之稅兖州下下出一百萬夫之稅是九州大較相比如此此非謂冀州之民皆出上上兗州之民皆出下下與周禮九等又不同也所以上農夫得食九人者以史記云上地畝一鐘○鐘六斛四斗百畝百鐘則六百四十斛按食貨志又云上孰其收自四斛則百畝四百斛也按廪人中歲人食三鬴其九人之内老幼相通不皆人食三鬴故食九人也其民之常稅不過什一又庶民喪祭費用又少且年有豐儉不恒上孰崔氏以爲畝皆十鐘人恒食四鬴又爲什二而稅又云祭用數之仂者苟欲計筭使合其義非也云庶人在官謂府史之屬者則周禮大宰云府六人史十有二人云之屬謂工人賈人及胥徒也云官長所除不命於天子國君者官長謂冢宰爲天官之長司徒爲地官之長自所命或若大府爲府藏官之長大司樂爲樂官之長是也言所除者謂所命之官除去其舊名籍周禮注云凡府史以下官長所自辟除以其非九命之内故知不命於天子國君也若子男之士雖無命亦當命於國君也以其稱士故也○注此班至之差○正義曰經云下士視上農夫禄足以代其耕也則庶人在官者雖食八人以下不得代耕故載師有官田謂庶人在官之田大夫以下位卑禄少故大小國不殊卿與君禄禄重位尊故禄隨國之大小爲節按周禮天子卿大夫士與諸侯之臣執贄同則禄亦同也此自下士至小國之卿倍大夫禄皆據無采

地者言之故鄭荅臨碩云王畿方千里者凡九百萬夫之地三分去一定受田者三百萬夫出都家之田以其餘地之稅祿無田者下士食九人中士食十八人上士三十六人下大夫七十二人中大夫百四十四人卿二百八十八人○

次國之上卿位當大國之中中當其下下當其上大夫小國之上卿位當大國之下卿中當其上大夫下當其下大夫此諸侯使卿大夫覜聘並會之序也其爵位○同小國在下爵異固在上耳○覜吐弔反

【疏】次國至大夫○正義曰此一節論諸侯使卿大夫士覜聘班序行列之法各隨文解之○注此諸至上耳○正義曰經文既稱大國小國大小並在則非是特來故知使卿大夫覜聘並會也云其位爵同小國在下者爵同謂同作卿也據經文小國平於大國故知小國之卿在大國之卿下云爵異固在上耳者謂大國是大夫小國是卿則經云小國之卿位當大國之上大夫是小國之卿爵異於大國之大夫其爵既異固當在大夫之上必知爵異小國在上者以其卿執羔大夫執鴈使卿絺冕大夫玄冕故知小國之卿不得在大國大夫之下

也

**其有中士下士者數各居其上之三分**謂其爲介若特行而並會也居猶當也此據大國而言大國之士爲上次國之士爲中小國之士爲下士之數國皆二十七人各三分之上九中九下九以位相當則次國之上士當大國之中中當其下小國之上士當大國之下凡非命數亦無出會之事春秋傳謂士爲微○三分如字爲介音界

【疏】其有至三分○正義曰中士者謂次國之士下士者謂小國之士大國之士既分爲三分次國小國之士亦分爲三分今大國之士既定在朝會若其有中國之士小國之士者其行位之數各居其上國之三分之二謂次國以大國爲上而次國上九當大國中九次國中九當大國下九是當其大國之三分之二小國以次國爲上小國上九當次國中九小國中九當次國下九亦是居上三分之二也是各居上之三分○注謂其至爲微○正義曰言謂其爲介者若聘禮士介四人是也若特行則隱元年及宋人盟於宿是也本國出使其行至他國與諸國並會也云此據大國而言者以經必云中士下士不云上士是文以大國爲主以中國下國來當之故知據大國而言云大國之士爲上次國之士爲中小國之士爲下者解經之中士爲中國之士下士爲下國之士經雖無

上士之文以中士下士類之則上士爲大國之士也就上士中士下士之內各分爲上九中九下九言大國之士爲上不解經之上字者自謂次國以大國爲上小國以次國爲上耳云凡非命士亦無出會之事者即祭法庶士是也云春秋傳謂士爲微者隱元年及宋人盟於宿公羊傳云孰及之內之微者也是謂士爲微也 ○凡四海之內九州州方千里州建百里之國三十七十里之國六十五十里之國百有二十凡二百一十國名山大澤不以封其餘以爲附庸間田八州州二百一十國

建立也立大國三十十三公也立次國六十十六卿也立小國百二十十。二小卿也名山大澤不以封者其民同財不得障。管亦賦稅之而已此大界方三千里三三而九方千里者九也其一爲縣內餘八各立一州此殷制也周公制禮九州大界方七千里七七四十九方千里者四十有九也其一爲畿內餘四十八八州各有方千里者六設法一州封地方五百里者不過四謂之大國又封方四百里者不過六又封方三百里者不過十一謂之次國又封方二百里者不過二十五及餘方百里者謂之小國盈上四等之數并四十九一州二百一十國則餘方百里者百六十四也凡處地方千里者五方百里者五十九其餘方百里者四十一附庸地也○閒音閑章之尚反

【疏】凡四至十國○正義曰此一節論四海之內九州州別建國多少及附庸閒田之法如鄭所注此經云是殷法也周禮則九服夷鎮蕃三服謂之四海四海之內謂要服以內殷則服數無文則必不與周同按爾雅釋地云九夷八狄七戎六蠻謂之四海孫炎云海之言晦晦闇於禮義此言四海之內謂夷狄之內也地方三千里以開方計之三三如九方千里者有九其一爲天子縣內下文具之以外八州州別方千里者有一州建百里之國三十是公國也七十里之國六十是侯國也五十里之國百有二十是伯國也是一州凡二百一十國必二百一十國者按元命包云陽成於三列於七三七二十一故二百一十國也其餘以爲附庸閒田謂置二百一十國外之餘地爲附庸閒田也若封人附於大國謂之附庸若未封人謂之閒田每州二百一十國所餘之地者則下文云方百里者十方十里者六十是也○注建立至地也○正義曰建是樹立之義故建爲立也云立大國三十十三公也者鄭以天子縣內三公之國亦百里今畿

外大國亦百里是準擬畿內三公之地故云十三公也每十箇國則準一公是三十國準於三公也云立次國六十十六卿也者亦以畿內六卿之地方七十里今畿外次國亦七十里故知準擬六卿言十於六卿六十也通三孤則謂之九卿據有職事者言之故爲六卿也云立小國百二十十二小卿也者小卿則天子畿內大夫國方五十里今畿外小國亦五十里是準擬大夫當十於十二小卿也定本云十十二小卿重有十字俗本直云十二小卿俗本誤也云名山大澤不以封者與民同財者若封諸侯則諸侯爲主若不得取其財物故不封諸侯使民共取故山虞職云令萬民時斬材有期日是也云不得障管亦賦稅之而已者既不封諸侯其諸侯不得障塞管領禁民取物民既取物隨其所取賦稅而已故澤虞云使其地之人守其財物以時入之于玉府是也定本云不得不管亦賦稅而已謂雖不封諸侯諸侯不得不管若如此解則於而已二字爲妨恐定本誤也云此殷制也者以夏時萬國則地餘三千里周又中國方七千里今大界三千非夏非周故云殷制也其實夏之末年亦與殷同方三千里故下云天子之縣內鄭注云縣內夏時天子所居州界名也又云夏末既衰夷狄內侵土地減國數少是也云周公制禮九州大界方七千里者按大行人邦畿方千里其外方五百里

謂之侯服甸服男服采服衛服要服服五百里逼王畿四面
相距爲七千里大行人要服已外即云九州之外謂之蕃國
是要服以内爲中國也云設法一州封地方五百里者不過
四者言設法謂假設爲法非實封也故職方云千里封公以
方五百里則四公注云每事言則者設法也是不實封必知
不實封者以每州有四公八州則三十二公周之上公則惟
杞宋耳故知非實封也一州有千里之方六則一箇千里之
方爲方百里者百一箇五百里之國爲方百里者二十五四
箇二十五用千里之方一是方五百里者不過四也云又封
方四百里者不過六者以一箇四百里之國爲方百里者一
十六六箇一十六爲九十六是用百里之方九十六爲六箇
四百里之國故云方四百里者不過六用千里之方一猶餘
百里之方四云又封方三百里者不過十一者以一箇三百
里之國爲方百里者九十一箇九爲九十九是用百里之方
九十九故云封方三百里者不過十一用千里之方一猶餘
百里之方一云又封方二百里者不過二十五者以一箇二
百里之國爲方百里者四二十五箇二百里國用千里之方
一故云封方二百里者不過二十五云盈上四等之數者謂
將此百里小國一百六十四添盈公侯伯子四等之數四十
六則爲一州二百一十國也云則餘方百里者百六十四也

者以其上惟云餘方百里者謂之小國不顯其數多少直言盈上四等之數四等旣有四十六若添滿二百一十必須百六十四故云方百里者百六十四也云凡處地一方千里者五方百里者五十九者封公則四是用千里之方一封侯則六又用千里之方一封伯十一又用千里之方一封子二十五又用千里之方一封男百又用千里之方一是處地方千里者五男國更須六十四則應須百里之方六十四但千里之方六封侯之外猶餘百里之方四千里之方封伯十一之外猶餘百里之方一是五箇千里之方內總餘百里之方五得爲五箇男國則五箇千里之方更得五十九外箇百里之方是滿六十四也云其餘方百里者四十一附庸地也者以百里之方百去其五十九故餘四十一也按鄭注大司徒云侯附庸九同伯附庸七同子附庸五同男附庸三同今一州惟有方百里者四十一得備侯伯子男二百一十國附庸者鄭注司徒云凡諸侯爲牧正帥長及有德者乃有附庸非國國皆有且此云州別二百一十國及侯侯附庸九同皆設法而言非實事也注侯附庸九同者諸侯有功可進爲公爲四百里之上加九同得進爲五百里也伯於三百之上加七同得爲四百里進爲侯也子於二百里之上加五同得爲二百里進爲伯也男於百里之上加三同得爲二百里進爲子也言同

者謂積累衆附庸而滿同也非謂一附庸居一同也鄭注司徒云公無附庸以其尊極故也又鄭云魯以周公之故得兼四等加二十四附庸方七百里也

〇天子之縣内方百里之國九七十里之國二十有一五十里之國六十有三凡九十三國名山大澤不以朌其餘以祿士以爲間田縣内夏時天子所居州界名也殷曰畿詩殷頌曰邦畿千里維民所止周亦曰畿畿内大國九者三公之田三爲有致仕者副之爲六也其餘三待封王之子弟次國二十一者卿之田六亦爲有致仕者副之爲十二又三爲三孤之田其餘六亦待封王之子弟小國六十三大夫之田二十七亦爲有致仕者副之爲五十四其餘九亦以待封王之子弟三孤之田不副者以其無職佐公論道耳雖有致仕猶可即而謀焉朌讀爲班〇朌音班賦也

疏 天子至間田〇正義曰此經明天子縣内之國數多少及祿士之法按殷之與周稱畿唐虞稱服無云縣者今此特云縣内故鄭云夏時天子所居州界名也按鄭注益稷云禹會諸侯於塗山執玉帛者萬國四百國在畿内今此畿

內惟有九十三國者蓋夏之一代畿內稱縣當夏禹之初有四百國至夏之末土地既減故與禹世不同未知於時縣內國數多少湯承夏末之後制爲九十三國記者言縣明其承夏之餘國數是殷湯之制故與四百國不同也名山大澤不以朌者餘國外列土諸侯有封建之義故云不以封畿內之臣既不世位有朌賜之義故云不以朌所以不朌者亦爲與民共財不障管也雖不障民取其財物亦入之王府即周禮山虞澤虞所掌是也其餘以祿士以爲閒田者謂九十三國之餘則下文云其餘方百里者六十四方十里者九十六是也以九十三國云以封公卿大夫故特云以祿士其實公卿之子父死之後既不世爵得食父祿故下文云大夫不世爵未賜爵視天子之元士以君其國是九十三國之外既云視元士則此祿士包之也其不封公卿大夫及祿士之外並爲閒田則周禮云公邑之不云附庸者以縣內無附庸也外所以畿外州建二百一十國之外則閒田少畿內立九十三國之外閒田多者以畿外諸侯有大功德始有附庸故閒田少畿內每須朌賜故閒田多依周禮閒田自二百里之外以至五百里其大夫則於三百里爲采地卿則於四百里爲采地公則於五百里爲采地故載師云以公邑之田任甸地以家邑之田任稍地以小都之田任縣地以大都之田任畺地是也未知

殷制如何其周之畿内采邑大小未聞則鄭注小司徒云百里之國凡四都五十里之國凡四縣二十五里之國凡四甸是謂畿内大國百里次國五十里小國二十五里又注大司徒云畿内之制未聞是知疑而不定此云禄士謂無地之士給之以地而當其禄不得爲采邑耳其實春秋之時公卿亦有無地者故春秋經劉子單子是有地者稱爵王子虎卒是無地者不稱爵也○注詩殷至謀焉○正義曰引詩殷頌者是玄鳥祀高宗之篇證殷稱畿也云周亦曰畿者周禮職方云千里曰王畿是也云爲有致仕者副之者以三公在朝既有正田今身既致仕不可仍食三公采邑身又見存不可全無其地故公卿大夫皆有正職之田又有致仕副邑云其餘三待封王之子弟者禮運云天子有田以處其子孫又周禮有都宗人家宗人祭祀皆致福於王是有封王之子弟也但王之子弟有同母異母有親疏之異親寵者封之與三公同平常者與六卿同疏遠者與大夫同故有三等之差也云三孤之田不副者自上差之三公之外其餘有三卿之外其餘有六大夫之外其餘有九皆以次相三若三孤有致仕之副則卿與公同其餘三非差次也云以其無職佐公論道耳雖其致仕猶可即而謀焉者按周禮三公雖無正職猶列於官參六卿之事故司徒云鄉老二鄉則公一人三孤則不列於

官故云無職但佐公論道在朝在家其事一等雖退致仕猶可就而謀事不須致仕之後朝上更別立官故知不有致仕之副

○凡九州千七百七十三國天子之元士諸侯之附庸不與不與不在數中也春秋傳云禹會諸侯於塗山執玉帛者萬國言執玉帛則是惟謂中國耳中國而言萬國則是諸侯之地有方百里有方七十里有方五十里者禹承堯舜而然矣要服之內地方七千里乃能容之夏末既衰夷狄內侵諸侯相并土地減國數少殷湯承之更制中國方三千里之界亦分爲九州而建此千七百七十三國焉周公復唐虞之舊域分其五服爲九其要服之內亦方七千里而因殷諸侯之數廣其土增其爵耳孝經說曰周千八百諸侯布列五千里內此文改周之法關盛衰之中三七之間以爲說也終此說之意五五二十五方千里者二十五。其一爲畿內餘二十四州各有方千里者三其餘諸侯之地大小則未得而聞○與音預注及下注不與同塗音徒要一遙反下要服皆同并必政反乂如字減古斬反關盛衰並讀如字

疏 凡九至不與 正義曰此一節揔明殷之畿內畿外國數之法前文云凡四海之內明殷之畿外諸侯次經明天子縣內殷之畿內國畿○此經揔明殷

之畿内畿外故云凡九州千七百七十三國天子之元士諸侯之附庸不在數中故云不與商王大計地方三千里畿外八州每一州二百一十國封爵三等八州一千六百八十國并王畿内九十三國計千七百七十三國天子之元士則下云方百里者六十四方十里者九十六是天子之元士又下云其餘方百里者十方十里者六十是諸侯附庸不在千七百七十三之數○注春秋至而聞○正義曰引春秋傳者哀七年左傳文時魯欲伐邾孟孫不欲諸大夫荅孟孫云禹會諸侯於塗山執玉帛者萬國今其存者無數十焉又襄二十五年傳云若無侵小何以至焉杜預云塗山在壽春東北與會稽別也若鄭康成之意塗山則會稽也故注尚書云禹朝羣臣於會稽執玉帛者萬國是以張逸疑而問鄭按左傳禹會諸侯於塗山執玉帛者萬國外傳云禹朝羣臣於會稽防風氏後至不與注相應何鄭荅云欲明諸侯守土之祀故兼用外傳内傳語者鄭意以塗山會稽爲一以諸侯爲守土之祀故云禹朝羣臣羣臣則諸侯也鄭云兼用外傳内傳語者禹朝羣臣於會稽是外傳語執玉帛者萬國是内傳左氏語云言執玉帛則是惟謂中國耳者按覲禮諸侯享王璧以帛是執玉帛也按大行人侯甸男采衛要各以其服貢物下云九州之外謂之蕃國各以其所貴寶爲摯鄭注貴寶若白狼

白鹿夷狄不執玉帛故云執玉帛惟謂中國耳云中國而言
萬國則是諸侯之地有方百里有方七十里有方五十里者
鄭言此者以周之大國方五百里而下則不得有萬國故云
然也按萬國之數鄭注臯陶謨堯初制五服更五百里禹所
弼每服五百里故始有百里之封焉猶用要服之內爲九州
州立十二人爲諸侯師蓋百國一師則州十有二師則每州
千二百國也八州九千六百國其餘四百國在畿內鄭又云
百里者三封國七有奇所以百里三封國七者以百里之方
一爲公侯之國一又以百里之方一爲伯七十里之國二又
以百里之方一爲子男五十里之國四是百里之方三封國
七也言有奇者謂百里之方一封七十里之國二有奇者以
百里之方一爲十里之方百七十里之國一用十里之方四
十九七十里之國二用十里之方九十八餘有十里之方二
故云有奇以此計之州有千里之方六以千里之方二爲公
侯之國二百又以千里之方二爲伯七十里之國四百有奇
又以千里之方二爲子男五十里之國八百摠爲一千四百
國以二百國及奇餘爲附庸山澤故州有千二百國鄭云四
百國在畿內者以大略據子男爲言非實法也趙商不達鄭
旨而問鄭云以王制論之畿內之國有百里有七十里有五
十里今率以下等計之又有王城關遂郊郭卿大夫之采地

數不在中今就四百似頗不合鄭荅之云三代異物王制之法唐虞或不盡然堯舜之德守在四疆鄉遂有無無以言也公卿大夫有田祿者其四百國非采地爲何王城之大郊關之處幾何而子責急也此鄭亦隨問而荅非事實也必知非實者以地形不可方平如圖又有山澤不封之地何有同積棊無空缺之處故知略計地爲四百國耳云禹承堯舜而然矣者以堯未遭洪水之前帝德寬廣不制以法故中國五千禹因治水之後德化漸大故中國更廣而有萬國云要服之內地方七千里乃能容之者王畿內五百里又五百里外侯服去城外五百里是一千里又五百里甸服是一千五百里又五百里男服是二千里又五百里采服是二千五百里又五百里衛服是三千里又五百里爲要服是三千五百里要服去王畿三千五百里四面相距爲七千里是九州之內此云要服之內地方七千里也按尚書咎繇注禹弼成五服去王城五百里曰甸服其弼當侯服去王城千里其外五百里爲侯服當甸服去王城一千五百里其弼當男服去王城二千里又其外五百里爲綏服當采服去王城二千五百里其弼當衛服去王城三千里又其外五百里爲要服與周要服相當去王城三千五百里四面相距爲七千里是九州之內也故此云要服之內地方七千里咎繇注又云要服之弼當

其夷服去王城當四千里又其外五百里曰荒服當鎮服其
彌當蕃服去王城五千里四面相距爲方萬里也云夏末旣
衰夷狄內侵諸侯相并土地減國數少者以湯承於夏末中
國惟方三千里明所因有漸承夏末之地上云天子縣內是
夏末殷初其界相似也必知此王制之文以爲殷制者正以
百里七十里五十里之國與周不同又千七百七十三國與
禹萬國數復異又虞夏及周皆曰牧此經稱伯故知大略皆
據殷而言也其天子七廟及下雜論虞夏商周四代之制亦
兼載焉云周公復唐虞之舊域分其五服爲九其要服之內
亦方七千里者言復唐虞舊域謂治水之後舊域也按周禮
職方云方千里曰王畿其外方五百里曰侯服又其外方五
百里曰甸服又其外方五百里曰男服又其外方五百里曰
采服又其外方五百里曰衛服又其外方五百里曰蠻服又
其外方五百里曰夷服又其外方五百里曰鎮服又其外方
五百里曰藩服蠻服則要服是分其五服爲九以要服之內
方七千里也云因殷諸侯之數廣其土增其爵耳者按洛誥
傳云天下諸侯之來進受命於周退見文武尸者千七百七
十三諸侯其數與此同是周因殷諸侯之數也按大司徒公
五百里侯四百里與此公侯百里不同是廣其土也殷爵三
等周爵五等是增其爵耳云孝經說曰周千八百諸侯布列

五千里內者此孝經緯文云千八百者舉成數其實亦千七
百七十三諸侯也布列在中國五千里之內云此文改周之
法闕盛衰之中三七之間以爲說也者此文謂此孝經緯文
改周之法謂改周公盛時之法盛謂地方七千里衰謂地方
三千里故云闕盛衰之中三七之間若指文言之盛謂周公
制禮太平時也衰謂夏末殷初之時也盛衰之中謂武王時
也若以當代言之衰謂周末幽厲之時與夏末同盛衰之中
謂昭王恭王之時與武王同云終此說之意者謂終竟此孝
經緯所說之意云其餘諸侯之地大小則未得而聞者謂一
州之內千里之方有三而一州建二百一十國但未知國之
大小及封建制度故云未聞異義公羊說殷三千諸侯周千
八百諸侯古春秋左氏傳說禹會諸侯於塗山執玉帛者萬
國唐虞之地萬里容百里地萬國其侯伯七十里子男五十
里餘爲天子閒田許慎謹按易曰萬國咸寧尚書云協和萬
邦從左氏說鄭駮之云而諸侯多少異世不同萬國者謂唐
虞之制也武王伐紂三分有二八百諸侯則殷末諸侯千二
二百也至周公制禮之後準王制千七百七十三國而言周
千八百者舉其全數又異義今尚書歐陽夏侯說中國方五
千里古尚書說五服旁五千里相距萬里許慎謹按以今漢
地考之自黑水至東海衡山之陽至於朔方經略萬里從古

尚書說鄭氏無駁與許同按易下繫云一君二民君子之道二君一民小人之道鄭注一君二民謂黃帝堯舜謂地方萬里爲方千里者百中國之民居七千里七七四十九方千里者四十九夷狄之民居千里者五十一是中國夷狄二民共事一君二君一民謂三代之末以地方五千里一君有五千里之土五五二十五更足以一君二十五始滿千里之方五十乃當堯舜一民之地故云二君一民實無此二君一民假之以地廣狹爲優劣也○天子百里之內以共官千里之內以爲御謂此地之田稅所給也官謂其文書財用也御謂衣食○共音恭〔疏〕天子至爲御○正義曰此一節論畿內千里之地田稅所共給之事○注謂此至衣食○正義曰經云百里之內者謂去王城百里四面相距則二百里經云千里之內以爲御者謂四面相距爲千里去王城四面五百里二者相互云此地之田稅所給也者依周禮有口率出泉恐此是口率之泉故云此地之田稅所給也知非口率出泉所給者按周禮大府九賦之泉各有所給故其職云關市之賦以待王之膳服邦中之賦以待賓客四郊之賦以待稍秣家削之賦以待匪頒邦甸之賦以待工事邦縣之賦以待幣帛邦都之賦以待祭祀山澤之賦以待喪

紀幣餘之賦以待賜予是口率出泉各有所用也知官謂其文書財用也者以其稱官是官府所須故爲文書財用御是進御所須故爲衣食但官是卑褻故用近物御爲尊重故用遠物此爲殷法也但未知有口率出泉以否○千里之外設方伯五國以爲屬屬有長十國以爲連連有帥三十國以爲卒卒有正二百一十國以爲州州有伯屬連卒州猶聚也伯帥正亦長也凡長皆因賢侯爲之殷之州長曰伯虞夏及周皆曰牧○帥色類反注及下同卒子忽反下及注同牧音木八州八伯五十六正百六十八帥三百三十六長八伯各以其屬屬於天子之老二人分天下以爲左右曰二伯老謂上公周禮曰九命作伯春秋傳曰自陝以東周公主之自陝以西召公主之○陝失冉反一音古洽反召詩照反

【疏】千里至二伯○正義曰此一節論千里之外設方伯及連帥卒正兼二伯之事各隨文解

之○注屬連至曰牧○正義曰屬是繫屬連是連接卒是卒伍州是聚居故云屬連卒州猶聚也伯帥正俱是長但異其名云凡長皆因賢侯爲之者既長諸侯非賢不可故知賢侯爲之言因者因其州內賢侯非州外別取州牧則知以賢侯爲之故下曲禮以侯爲牧周制牧下有二伯則侯伯皆得爲之故詩旄丘責衛伯也衛是侯爵而爲州伯張逸疑而問鄭鄭荅云侯德適任之謂衛侯之德適可任州伯也然則伯之賢者亦可進爲牧故周禮宗伯八命作牧注云謂侯伯有功德者加命得專征伐是伯得爲牧也鄭必知州牧之下更有二伯者以左傳云五侯九伯服杜皆爲五等諸侯九州之伯鄭荅志云若征五等諸侯九州之伯何夾輔之有大公爲王官伯分主自陝以東不可分爲四侯半故稱五侯四州有八伯畿內有一伯故爲九伯也按鄭志注尚書爲八伯張逸問云九州而八伯者何鄭荅云畿內之州不置伯有鄉遂之吏主之伯即牧也故周禮大宰云施典于邦國建其牧立其監是畿外邦國有牧畿內不置也畿內既不置牧則應無牧下之伯而立五侯九伯畿內有一伯者但比擬畿外應有而言之其實無也州長既用賢侯爲之則卒正連帥屬長節級用伯子男賢者而爲之鄭注曲禮云二王之後不爲牧則殷亦當然殷既亦有連屬卒等則周亦然也故詩旄上責衛伯不

能修方伯連率之職是也云虞夏及周皆曰牧者按尚書舜典云覲四岳羣牧又云咨十有二牧是虞稱牧也虞雖稱牧亦稱伯故書傳云惟元祀巡此四岳八伯按左傳宣三年云夏之方有德也貢金九牧是夏稱牧也大宰云建其牧是周稱牧也故云虞夏及周皆曰牧○注周禮至主之○正義曰九命作伯大宗伯職文春秋傳曰以下春秋隱五年公羊傳文故傳云三公者何天子之相也自陝而東者周公主之自陝而西者召公主之一相處乎內是也○千里

**千里之內曰甸** 服治田出穀稅○甸大薦反

**千里之外曰采** 九州之內地取其美物以當穀稅○采蒼改反當丁浪反又如字

**曰流** 謂九州之外也夷狄流移或貢或不禹貢荒服之外三百里蠻二百里流○蠻莫還反

【疏】千里至曰流○正義曰此一節摠論畿內畿外九州治田及采取美物幷九州之外或貢或否之事各隨文解之○注服治至穀稅○正義曰定本直云服治田出穀稅無甸字知甸是服治田出穀稅者按禹貢五百里曰甸服下又云百里賦納總二百里納銍及秸粟米之等是甸爲治田也○注九州至穀稅○正義曰經云千里之外曰采謂規方千里之外若於王城五百里之外以殷制言之中國方三千里而面別去王城千五百里今

五百里以爲畿內千里之外惟千里耳采取美物故言曰采周則王畿之外面別三千里采取美物則大行人侯服其貢祀物甸服其貢嬪物男服其貢器物采服其貢服物衛服其貢材物要服其貢貨物是也○注謂九至里流○正義曰流謂九州之外或貢或否流移不定殷則面別千五百里之外二千五百里之內謂之爲流周三千五百里之外五千里之內爲流也

○天子三公九卿二十七大夫八十一元士

此夏制也明堂位曰夏后氏之官百舉成數也【疏】天子至元士○正義曰此一經論夏天子設公卿大夫元士之數○注此夏至數也○正義曰以周禮其官三百六十此官百二十故云夏制以夏制不明更引明堂位夏后氏之官百以證之直云百不云百二十故云舉成數也王制之文鄭皆以爲殷法此獨云夏制者以明堂殷官二百與此百二十數不相當故不得云殷制也記者故雜記而言之或舉夏或舉殷也

○大國三卿皆命於天子下大夫五人上士二十七人○次國三卿二卿命於天子一卿命於其君下大夫五

人上士二十七人○小國二卿皆命於其君下大夫五人上士二十七人命於天子者天子選用之如今詔書除吏矣小國亦三卿一卿命於天子二卿命於其君此文似誤脫耳或者欲見畿內之國二卿與○選宣戀反見賢遍反與音餘○

疏 大國至七人○正義曰此一節論夏家天子命諸侯之國卿大夫及士之數前既云夏官此亦夏禮卿大夫士數五等之國悉同但大國三卿並受命於天子也夏之大國謂公與侯也殷周大國並公也崔氏云三卿者依周制而言謂立司徒兼冢宰之事立司馬兼宗伯之事立司空兼司寇之事故春秋左傳云季孫為司徒叔孫為司馬孟孫為司空此是三卿也以此推之故知諸侯不立冢宰宗伯司寇之官也下大夫五人者崔氏云三卿命於天子則大夫以下皆其君自命之也三卿則上中下三品而含上下今云下大夫五人者取卿為言耳知大夫有上下者按前云次國之下卿位當大國之上大夫是也何以五人者謂司徒之下置小卿二人一是小宰一是小司徒司空之下亦置二小卿一是小司寇一是小司空也司馬之下惟置一小卿小司馬也故公羊襄十一年作三軍三軍者何三卿也古者上卿下卿上士下

士何休云古者諸侯有司徒司空上卿各一下卿各二司馬事省上下卿各一若有軍事上士相上卿下士相下卿足以爲治今襄公乃益司馬故云作三軍踰王制故譏之下卿即大夫也故此云下大夫五上士二十七人者云上士者對府史之屬也周禮五等國悉三卿五大夫二十七士皆與此同但公國長有四命孤一人故典命云公之孤四命以皮帛眡小國之君其卿三命其大夫再命其士一命侯伯之卿大夫士亦如之子男之卿再命其大夫壹命其士不命而鄭注再引王制以成彼義當恐周之人數與王制同也且曾子問是明當時周法而云國家五官則五大夫若五則知餘亦不異也且冢宰云施典於邦國設其參傅其伍鄭云參謂卿三人伍謂大夫五人次國三卿二卿命於天子一卿命於其君下大夫五人上士二十七人者次國者夏則伯殷則侯也周則侯伯也而卿大夫士之命及人之數與大國同但一卿其君自命爲異也下文備也小國二卿皆命於其君下大夫五人上士二十七人者小國者殷謂伯夏周同子男也按鄭注言小國亦三卿差次而言應一卿命於天子二卿命於其君此惟言二卿則似誤也鄭何以得知應三卿按前云小國又有上中下三卿位當大國之下大夫若無三卿何上中下之有乎故知有三卿也按周禮三命受位鄭云謂此列國之

卿始有列位於王爲王之臣也若三命卿始得列位於王則子男之卿再命不應得一卿命於王而鄭今云一卿命於王者謂子男之卿亦得王命而彼注三命下云列國卿三命者此自據侯伯爲言以會彼三命受位者耳○注或者至卿與

正義曰鄭又爲一說畿内之國唯置二卿並是其君自命之今記者或欲因子男此文以見畿内之法故捨去子男一卿命於王者而不言也○**天子使其大夫爲三監監於方伯之國國三人**使佐方伯領諸侯○監古暫反監於古銜反卷末同【疏】天子使其至三人○

正義曰此一節論天子遣大夫往監方伯之國州別各置三人之事天子使其大夫者謂使在朝之大夫往監於方伯每一州輒三人三八二十四人崔氏云此謂殷之方伯皆有三人以輔之佐其伯謂監所領之諸侯也周則於牧下置二伯亦或因殷使大夫爲三監故燕禮云設諸公之坐鄭云公孤也大國孤公一人而云諸公者容牧有三監然則天子於州牧之國則置三大夫以輔之其尊卑之差則下文其禄視諸侯之卿其爵視次國之君其禄視諸侯之卿者謂公之孤也故燕禮謂之諸公與公孤同也尚書使管叔蔡叔霍叔爲三監者爲武庚也與此别也**天子之縣**

選賢置之於位其國之祿如諸侯不得位○

**疏**

天子至祿也○正義曰此一節

## 內諸侯祿也

論天子縣內食采邑諸侯得祿不得繼世之事此言縣內則夏法也言諸侯祿者得采國爲祿而不繼世故云祿也故下云大夫不世爵是也此謂畿內公卿大夫之子父死之後得食父之故國采邑之地不得繼父爲公卿大夫也故經直云祿也則子孫恒得食之有罪乃奪之此云諸侯下云大夫不世爵則諸侯揔據大夫以上而司裘諸侯則共熊侯豹侯鄭注云諸侯謂三公及王子弟鄭惟據三公及王子弟者以下別云卿大夫則共麋侯故諸侯惟止三公及王子弟而已此父死子祿者不在九十三國之數此雖論夏法殷周亦然畿內諸侯父死視元士若有賢德乃復父位若畿外諸侯父死未賜爵亦視元士除服則得襲父故位故下文云未賜爵視天子元士以君其國注云列國及縣內之國也必知列國未賜爵亦視元士者以詩云韎韐有奭以作六師是諸侯世子未爵命服士之韎韐之服是也

## ○外諸侯嗣也

有功乃封之使之世也冠禮記曰繼世以立諸侯象賢也○冠古亂反

**疏**

外諸侯嗣也○正義曰此一節論外諸侯父死子得嗣位之事此畿外諸侯世世象賢傳嗣其國也故下云諸侯世子世國所以畿內諸侯不

世爵而畿外得世者以畿內諸侯則公卿大夫輔佐於王非賢不可故不世也畿外諸侯嘗有大功報其勞効又在外少事故得世也異義按公羊穀梁說云卿大夫世則權并一姓妨塞賢路經譏尹氏崔氏是也古春秋左氏說卿大夫得世祿不世位父爲大夫死子得食其故采地如有賢才則復父故位許慎謹按易爻位三爲三公食舊德謂食父故祿尚書云世選爾勞論語云興滅國繼絕世詩云凡周之士不顯亦世孟子云文王之治岐也仕者世祿知周世祿也從左氏義鄭氏無駮與許同殷之大夫亦世祿故祭義云殷人貴富而尚齒注云臣能世祿曰富是也其諸侯之大夫則下文云不世爵祿謂殷禮也若周制諸侯之大夫有功者亦得世祿故隱公八年無駭卒左傳云官有世功則有官族論語云管氏奪伯氏駢邑三百以無功而奪之若有功則不奪也○**制三公一命卷若有加則賜也不過九命次國之君不過七命小國之君不過五命**卷俗讀也其通則曰衮三公八命矣復加一命則服龍衮與王者之後同多於此則賜非命服也虞夏之制天子服有日月星辰周禮曰諸公之服自衮冕而下如王之服○命卷音衮古本反復扶又

反冕
音勉
【疏】制三至五命○正義曰此一經論王制三公已下
次國小國之君爵命之數制謂王者制度言王者
制度三公八命身著鷩冕若加一命則爲上公與王者之後
齊同而著衮冕故云一命卷若有加則賜也者謂九命卷龍
之外依制不合有其服若有加益者則是君之特賜非禮法
之常也則雜記謂之褒衣也此則禮緯九賜之衣服也與宗
伯再命受服不同此篇之作皆是王者之制而於此特言制
者以三公位尊又加一命其事極重記者以其重故特云制
也不過九命不過七命不過五命者此謂夏殷之制也亦與
周同○注卷俗至之服○正義曰禮記文皆作卷字是記者
承俗人之言故云卷俗讀也云其通則曰衮者謂以通理正
法言之則曰衮故周禮司服及覲禮皆作衮是禮之正經也
故云其通則曰衮云虞夏之制天子服有日月星辰者以此
經雖以殷爲主亦雜記虞夏之事故鄭引虞夏之制言之按
有虞氏皇而祭之下注云夏殷未聞此云虞夏之制天子服
有日月星辰者此云特謂虞舜與禹相接事相關穿故尚書
堯舜禹之書謂之虞夏書伏生書傳有虞夏傳以皋陶謨云
予欲觀古人之象皋陶謨是虞夏之書故云虞夏之制其實
虞也下文有虞夏殷周四代並陳故云夏殷未聞也云周禮
曰諸公之服自衮冕而下如王之服者是司服文引之者證

三公一命衮然則此經三公一命衮謂周制也故以周制解之若周以前則山在衮上不得云一命衮也衣服之制歷代不同按易繫辭云黃帝堯舜垂衣裳而天下治蓋取諸乾坤玄衣法天黃裳法地故易坤六五黃裳元吉是也衣裳從黃帝以來而有也虞氏以來其裳用纁故下文歷陳虞夏殷周注云其服皆玄上纁下裳用纁者鄭注易下繫辭云土記位南方南方色赤黃而兼赤故為纁也按禮祭地牲玉用黃以放地色裳既法地而用纁者凡衣服著其身有章采文物以黃色太質故用纁也衣為天色玄禮天牲玉用蒼者以天色書則蒼夜則玄衣不用蒼亦以其太質故也然祭天亦有牲用玄者尚書及論語云敢用玄牡敢昭告于皇皇后帝是也虞夏之制天子祭服自日月而下十有二章故尚書皋陶云予欲觀古人之象日月星辰山龍華蟲作會宗彝藻火粉米黼黻絺繡是也日一也月二也星辰三也山四也龍五也華蟲六也此六者皆畫於衣故言作會以法於天其數六者法天之陽氣之六律也宗彝七也藻八也火九也粉米十也黼十一也黻十二也此六者皆繡於裳故云絺繡絺紩也謂紩刺以為繡文以法地之陰氣六呂也按鄭注司服云至周登龍於山登火於宗彝尊其神明也龍取其神火取其明然則諸物各有所象故說日月星辰取其明山者安靜養物畫山

者必兼畫山物故考工記云山以章龍者取其神化龍是水
物畫龍必兼畫水故考工記云水以龍華蟲者謂雉也取其
文采又性能耿介必知華蟲是雉者以周禮差之而當鷩冕
故爲雉也雉是鳥類其頸毛及尾似蛇兼有細毛似獸故考
工記云鳥獸蛇此六者以高遠在上故畫於衣宗彝者謂宗
廟彝尊之飾有虎蜼二獸虎有猛蜼能辟害故象之不言虎
蜼而謂之宗彝者取其美名按周禮有六彝有雞彝鳥彝斝
彝黃彝虎彝蜼彝此直云宗彝知非雞彝鳥斝黃必爲虎蜼
者按明堂位云夏后氏雞彝殷以斝周以黃目又周禮陳六
尊六彝皆遠代者在後故六尊之次犧象著壺大山大是虞
氏之尊山是夏后之尊六彝之次亦虎彝蜼彝在後故知虎
蜼虞夏已飾於尊但舜時已稱宗彝不得有雞斝之等以周
禮差之而當毳冕故知虎蜼有毛之物也虎蜼淺毛細毳故
也藻者取其絜清有文火者取其明照烝飪粉米取其絜白
生養黼謂斧也取其決斷之義黻謂兩已相背取其善惡分
辨大意取象如此而皇氏乃繁文曲說橫生義例恐非本旨
此是天子之服其諸侯以下未得而聞按皐陶謨云五服五
章哉鄭注云五服十二也九也七也五也三也如鄭之意九
者謂公侯之服自山而下七也是伯之服自華蟲而下五也
謂子男之服自藻而下三也卿大夫之服自粉米而下與孝

經注不同者孝經舉其大綱或云孝經非鄭注以上所云虞
舜之制而夏殷注云未聞至周則日月星辰畫於旌旗又登
龍於山登火於宗彝故注司服云王者相變至周而以日月
星辰畫於旌旗所謂三辰旂旗昭其明也而冕服九章初一
曰龍次二曰山次三曰華蟲次四曰火次五曰宗彝皆畫以
爲繢六曰藻次七曰粉米次八曰黼次九曰黻皆希以爲繡
則衮之衣五章裳四章凡九也鷩之衣三章裳四章凡七也
毳之衣三章裳二章凡五也希之衣一章裳二章凡三也玄
者衣無文裳刺黻而已是以謂玄焉鄭必知日月星辰畫於
旌旗者以司服王自衮冕而下則衮服最尊尚無日月星辰
故知日月星辰不在衣服畫於旌旗也知登龍於山者依舊
山在龍上若不登龍則衮冕不爲最尊故知登龍於山也知
登火於宗彝者若不登火則五章之服自藻而下不得稱爲
毳冕若登火於宗彝之上則五章自宗彝而下與毳冕相當
然宗彝之下有藻火兩章知不登藻而必登火者火有光明
之盛春秋傳云火龍黼黻禮記殷火周龍章是火貴於藻也
故知登火不登藻自九章而下以次相差故知衮之衣五章
鷩衣毳衣者三章絺衣一章衣法天故章數奇裳法地章數
偶以下其數漸少則裳上之章漸勝於衣事勢須然非有義
意皇氏每事曲爲其說恐理非也衣章並畫絺冕之衣獨繡

者以粉米地物養人服之以祭社稷又地祇並是陰類故衣章亦繡也周之衣服既無日月而郊特牲云衮冕日月之章者謂魯禮也魯以周公之故衮冕亦日月之章其周之天子所用祭服則司服云王祀昊天上帝則服大裘而冕祀五帝亦如之享先王則衮冕享先公饗射則驚冕祀四望山川則毳冕祭社稷五祀則希冕祭羣小祀則玄冕鄭司農云大裘羔裘也知羔裘者以祭天至質故知羔裘以天邑玄謂黑羔裘其六冕所祀依冕之先後祭神之尊卑以衮冕之服華故祭先王以絺冕陰類故祭社稷五祀以玄冕質素故祭羣小祀日月雖尊以天神從質故亦玄冕故玉藻云天子玄端以朝日鄭注云端當爲冕其祭地之服無文按詩昊天有成命郊祀天地也天地相對則祭地亦用大裘故孝經援神契云祭地之禮與祭天同亦據衣服同也又有皮弁以日視朝韋弁以即戎冠弁以田獵故司服云凡兵事韋弁服注云韋弁以韎韋爲弁又以爲衣裳詩采芑注云韋弁服朱衣裳則韎韋也其事同鄭志又以韋弁爲素裳未知孰是司服又云眡朝則皮弁服鄭注云視朝視內外朝之事皮弁之服十五升白布衣積素以爲裳王受諸侯朝覲於廟則衮冕其皮弁又以燕諸公故詩云有頍者弁注云弁皮弁詩人責王不以皮弁燕諸公此則朝服燕也又以食故玉藻云皮弁以日視朝

遂以食又郊祭之前服之以聽祭報故郊特牲云皮弁以聽祭報又著以舞大夏故明堂位云皮弁素積以舞大夏雖是魯禮王所同之其賓射燕射時亦皮弁也知者按射人職賓射在朝故知用朝服也燕禮記云燕朝服於寢明天子燕亦以朝服故知賓射燕射亦皮弁也司服又云凡甸冠弁服注云甸田獵也冠弁委貌其服緇布衣亦積素以爲裳王卒食而居則玄端此玄端亦緇衣朱裳故玉藻注云天子諸侯玄端朱裳謂之端者已外之服其袂三尺三寸其袪尺八寸其玄端則二尺二寸袪尺二寸端正也以幅廣二尺二寸袂廣二尺二寸與之正方故云玄端也哭諸侯則爵弁故檀弓云天子之哭諸侯也爵弁紂衣爵弁者加爵頭色又有素服凶荒則服之故司服云大札大荒大烖素服其衣服首飾大裘之冕其冕無旒故注弁師云冕服有六而言五冕者大裘之冕蓋無旒不聯數也凡冕之制皆玄上纁下故注弁師云皆玄覆朱裏師說以木版爲中以三十升玄布衣之於上謂之延也以朱爲裏但不知用布繒耳當應以繒爲之以其前後旒用絲故也按漢禮器制度廣八寸長尺六寸也又董巴輿服志云廣七寸長尺二寸皇氏謂此爲諸侯之冕應劭漢官儀廣七寸長八寸皇氏以爲卿大夫之冕服也若如皇氏言豈董巴專記諸侯應劭專記卿大夫蓋冕隨代變異大小不

同今依漢禮器制度爲定也今天子五冕之旒皆用五采之絲爲旒垂五采之玉故弁師云掌王之五冕五采繅十有二就皆五采玉十有二鄭注云每就間蓋一寸旒別有五采玉十有二袞冕故前後各十二旒用玉二百八十八鷩冕九旒用玉二百一十六毳冕七旒用玉一百六十八絺冕五旒用玉百二十玄冕三旒用玉七十二皮弁縫中亦五采玉十二故弁師云王之皮弁會五采玉璂鄭注云會縫中也縫中每貫結五采玉十二以爲飾韋弁亦然故弁師云諸侯及孤卿大夫之冕韋弁皮弁經各以其等爲之則知天子韋弁與皮弁同也其冠弁亦與皮弁同故注弁師云不言冠弁冠弁兼於韋弁皮弁矣自此以前皆王者之服祭服則以衣名冕象上古先有衣後有冕皮弁以下則以弁名衣餘服既輕舉爲重故也其諸侯以下則司服云公之服自袞冕而下侯伯之服自鷩冕而下子男之服自毳冕而下孤之服自希冕而下卿大夫之服自玄冕而下士之服自皮弁而下公之袞冕數與王同其就數則異故鄭注覲禮云上公袞無升龍其旒則九不十二也其三公司服無文按射人三公執璧與子男同則服毳冕也凡此諸侯所著之服皆爲助祭於王若助王祭天地及祭先王大祀之等皆服已上之服若其從王祭祀小祀雖有應著上服皆逐王所著之服不得踰王也自在國

祭其先君則皆玄冕故玉藻云諸侯玄端以祭鄭云端當爲冕其二王之後祭受命之王各服已上之服其自祭餘廟與諸侯同有孤之國其孤則絺冕卿大夫玄冕士爵弁此皆謂助君祭服也無孤之國卿絺冕大夫玄冕以注玉藻云諸侯之臣皆分爲三等其夫卿也則服鞠衣其夫大夫則服襢衣其夫士則服褖衣以此言之卿絺冕大夫玄冕士爵弁也此服皆謂助祭君也若其自祭則皆降焉諸侯士則玄端大夫則朝服故儀禮特牲士祭玄端少牢上大夫祭朝服公之孤爵弁以自祭故雜記云大夫冕而祭於公弁而祭於已士弁而祭於公冠而祭於已鄭注云爵弁而祭於已唯孤爾其天子卿大夫則無文諸侯當玄冕以祭其孤卿之等當爵弁也大夫則皮弁知者以諸侯大夫朝服自祭故知天子大夫亦用朝服自祭朝服則皮弁故鄭注玉藻云四命以上齊祭異冠按玉藻云玄冠丹組纓諸侯之齊冠也諸侯既用玄冠而齊則孤卿大夫以下並用玄冠齊也諸侯玄冕而祭天子孤卿及公之孤卿爵弁而祭天子大夫皮弁而祭之皆與齊時玄冠不同故云四命以上齊祭異冠其三命以下玄冠齊玄冠祭是齊祭同冠其諸侯則皮弁以視朔朝服以視朝韋弁以即戎與天子同諸侯田獵亦用韋弁故左傳衛獻公射鴻於囿不釋皮冠而與孫林父言又昭十二年楚子狩於州來

皮冠豹舄諸侯又以皮弁受聘享故聘禮公皮弁天子諸侯
亦以玄端燕居故玉藻注云天子諸侯玄端朱裳是也諸侯
亦以朝服食夕則深衣故玉藻云朝服以食夕深衣祭牢肉
又大祥之祭服朝服故喪服小記除成喪者其祭也朝服縞
冠大祥以後則麻衣麻衣則白布深衣也但緣之以布耳又
有長衣遭喪權時所服故聘禮云主國之喪主人長衣待賓
是也其長衣制與深衣同但緣之以素長衣之袂稍長故玉
藻注云長衣中衣繼揜尺深衣則緣而已其中衣制如長衣
在上服之自天子以下皆有若祭服中衣用素故詩云素衣
朱襮其他服中衣用布故玉藻云以帛裏布非禮也其天子
卿大夫士以皮弁爲朝服諸侯卿大夫士以玄冠緇衣素裳
爲朝服凡在朝君臣上下同服但士服則謂之玄端袂廣二
尺二寸故也其大夫以上則皆侈袂袂三尺三寸故也其大
夫以上所論玄端者皆其制與士同其大夫士按玉藻云朝
玄端夕深衣其大祥朝服及既祥麻衣並與諸侯同天子祥
禫其服無文或亦與諸侯無異其首飾諸侯皆以三采爲藻
垂三采之玉公袞冕九旒鷩冕七旒毳冕五旒絺冕三旒玄
冕蓋無旒旒皆九玉侯伯鷩冕七旒以下與公同旒皆七玉
子男毳冕五旒以下與公同旒皆五玉若熊氏之義公以下
諸冕其旒並依命數不減其韋弁皮弁冠弁縫中之玉各依

命數玉皆三采朱白蒼也孤絺冕而下其旒及玉皆二采朱綠各依命數其皮弁韋弁冠弁玉亦二采各依其命數其一命大夫玄冕及士則爵弁皆無旒知諸侯以下首飾藻旒玉數如此者按弁師云諸侯及孤卿大夫之冕韋。皮弁各以其等爲之故鄭注云繅斿玉璂如其命數也冕則侯伯繅七就用玉九十八子男繅五就用玉五十繅玉皆三采孤繅四就用玉三十二。命之卿繅三就用玉十八再命之大夫繅再就用玉八藻玉皆朱綠韋弁皮弁則侯伯璂飾七子男璂飾五玉亦三采孤則璂飾四三命之卿璂飾三再命之大夫璂飾二玉亦二采一命之大夫冕而無斿士變冕爲爵弁其韋弁皮弁之會無結飾不言冠弁冠弁兼於韋弁皮。矣是也

○大國之卿不過三命下卿再命小國之卿與下大夫一命不著次國之卿者以大國之下互明之此卿命則異大夫皆同周禮公侯伯之卿三命其大夫再命子男之卿再命其大夫一命

【疏】大國至一命○正義曰此一節論大國小國卿大夫命數多少不同之事○注不著至一命○正義曰經直云大國之卿及小國之卿不云次國故云不著次國之卿云以大國之下互明之者以大國之卿不過三命則知次國之卿不過再命

大國下卿再命則知次國下卿一命故云互明之云此卿一命則異者以大國上卿三命下卿再命次國上卿再命下卿一命小國上下卿並皆一命故云卿命則異云大夫皆同者謂大國次國小國大夫皆同一命今經云小國之卿與下大夫一命既與小國連文知非直據小國下大夫一命者以經云大國下卿再命以次差之明大夫一命自然次國大夫亦一命故云大夫皆同此夏殷制也按周禮云公國之孤四命與餘卿不同則知此大國之卿不過三命亦謂孤也大國下卿再命者謂除孤以外之卿就再命之中分爲中卿下卿也故前文云次國之上卿位當大國之中是也次國之卿再命亦謂上卿執政者若魯之季孫下卿一命亦分爲中下二等故前文云中當其下下當其上大夫是也小國之卿雖同一命亦分爲三等故前文云小國之上卿位當大國之下卿中當其上大夫下當其下大夫其大國次國小國大夫雖同一命當皆分爲上下二等文已具於上今摠云下大夫者對卿言之云周禮公侯伯之卿三命以下者皆周禮典命文以經云大國之卿不過三命故引公侯伯之卿三命以對之周禮公之孤四命不與三命相當故不引之也

○凡官民材必先論之論謂考其德行道藝○行下孟反論辨然後使之

辨謂考問得其定也易曰問以辨之任事然後爵之爵謂正其秩次○任而鴆反位定然後祿之與之以常食○與如字又音預【疏】凡官至祿之○正義曰此一節論擇賢材任以爵祿之事各隨文解之○注辨謂至辨之○正義曰辨謂考問得其定也者謂官其人必先論量德行道藝今論量考問事已分辨得其定實故云辨謂考問得其定也引易曰問以辨之是易文言文○任事然後爵之○正義曰爵謂正其秩次言雖考問知其實有德行道藝未明其幹能故試任以事事又幹了然後正其秩次除授位定然後與之以祿○

○爵人於朝與士共之刑人於市與衆弃之。必共之者所以審慎之也書曰克明德慎罰是故公家不畜刑人大夫弗養士遇之塗弗與言也屏之四方唯其所之不及以政亦弗故生也屏猶放去也已施刑則放之棄之役賦不與亦不授之以田困乏又無賙餼也虞書曰五流有宅五宅三居是也周則墨者使守門劓者使守關宮者使守內刖者使守囿髡者使守積○畜許六反涂音徒本又作塗屏必政反去羌呂反賜音周餼許既反有宅王肅注尚書如字鄭音知嫁反懲艾也下同劓魚氣反刖五刮反又音月囿音又髡五忽反本又作完音同徐戸官反積子智反【疏】爵人至生也○正義曰此一節論爵人及刑人之事各依文解之此云爵人於朝謂殷法也周則夫子特假祖廟而拜授之故洛誥云烝祭歲文王騂牛一武王騂牛一時冊命周公故特祭文武若諸侯爵人因嘗祭之日故祭統云祭之日一獻君降立于阼階之南南鄉所命北面是也刑人於市與衆棄之者亦謂殷法謂貴賤皆刑於市周則有爵者刑於甸師氏也是故公家不畜刑人者既與衆棄之以是之故天子諸侯之家不畜刑人也大夫不得育養士過刑人於塗弗與言也謂逢遇於塗不與之言屏之四方惟其所之者屏猶放去也謂已施刑暴故放逐棄去使嚮四方量其罪之輕重合所之適處而居之既是罪人被放不干及以政教之事謂不以王政賦役驅使非但不使意在亦不欲使生困乏又無賜餼直放之化外任其自死自生也○注役賦至守積○正義曰役賦不與謂役賦之事不干與於刑人解經不及以政云亦不授之以田困乏又無賜餼也者解經亦弗故生也田里所以安其身賜餼所以養其命皆是爲生之具今並不與是不故欲使其生也云

虞書曰五流有宅五宅三居是也者證經屛之四方此云虞書者舜典文鄭注云宅讀曰咤懲刈之器謂五刑之流皆有器懲刈五咤者是五種之器謂桎一梏二拳三三居謂周之夷服鎮服蕃服云周則墨者使守門以下是周禮掌戮文按掌戮墨者使守門注云黥者無妨於禁御云劓者使守關注云截鼻亦無妨以貌醜遠之云宮者使守内注云以人道絕也云刖者使守囿注云斷足驅衛禽獸無急行云髡者使守積注云王之同族不宮之者髡頭而已守積積在隱者宜也引之者欲明周家畜刑人異於夏殷法也

**○諸侯之於天子也比年一小聘三年一大聘五年一朝**比年每歲也小聘使大夫大聘使卿朝則君自行然此大聘與朝晉文霸時所制也虞夏之制諸侯歲朝周之制侯甸男采衛要服六者各以其服數來朝○一朝直遥反數色角反又所具反

**○天子五年一巡守**天子以海內爲家時一巡省之五年者虞夏之制也周則十二歲一巡守○守手又反本又作狩後巡守皆同省色景反

〔疏〕諸侯至一朝 正義曰此一經論諸侯遣卿大夫聘問及自親朝之事○注小聘至來朝 正義曰知小聘使大夫者按聘禮記云小聘曰問三介大聘

使卿爲介有五人其小聘唯三介故知小聘使大夫云此大聘與朝晉文霸時所制也者按昭三年左傳鄭子大叔曰文襄之霸也其務不煩諸侯令諸侯三歲而聘五歲而朝故云晉文霸時所制而晉文霸時亦應有比年大夫之聘但子大叔畧而不言此亦據傳文直云大聘與朝不云比年小聘按左傳文三年聘五年朝諸侯相朝之法今此經文云諸侯之於天子三年一大聘五年一朝則文襄之制諸侯朝天子與自相朝同也如鄭此注唯據文襄故鄭云此晉文霸時所制又鄭駮異義云公羊說比年一小聘三年一大聘五年一朝以爲文襄之制錄王制者記文襄之制耳非虞夏及殷法也熊氏或以此爲虞夏法或以爲殷法文義雜亂不復相當曲爲解說其義非也云虞夏之制諸侯歲朝者按尚書堯典云五載一巡守羣后四朝鄭注云巡守之年諸侯朝於方岳之下其間四年四方諸侯分來朝於京師歲徧是也按孝經注諸侯五年一朝天子天子亦五年一巡守熊氏以爲虞夏制法諸侯歲朝分爲四部四年又徧揔是五年一朝天子乃巡守故云諸侯五年一朝天子天子亦五年一巡守按鄭注尚書四方諸侯分來朝於京師歲徧則非五年乃徧又孝經之注多與鄭義乖違儒者疑非鄭注今所不取熊氏之說非也虞夏之制但有歲朝之文其諸侯自相朝聘及天子之事則

無文不可知也鄭此注虞夏之制即云周之制不云殷者虞夏及周經有明文故指而言之殷則經籍不見故不言也按春秋文十五年左傳云諸侯五年再相朝以脩王制古之制也按鄭志孫皓問云諸侯五年再相朝不知所合典禮鄭荅云古者據時而道前代之言唐虞之禮五載一巡守夏殷之時天子蓋六年一巡守諸侯間而朝天子其不朝者朝罷朝五年再朝似如此制禮典不可得而詳如鄭志之言則夏殷天子六年一巡守其間諸侯分爲五部每年一部來朝天子朝罷還國其不朝者朝罷朝諸侯至後年不朝者往朝天子而還前年朝者今既不朝又朝罷朝諸侯是再相朝也故鄭云朝罷朝也如鄭之意此爲夏殷之禮而鄭又云虞夏之制諸侯歲朝以夏與虞同與鄭志乖者以羣后四朝文在堯典堯典是虞夏之書故連言夏其實虞也故鄭志云唐虞之禮五載一巡守今知諸侯歲朝唯指唐虞也其夏殷朝天子及自相朝其禮則然其聘天子及自相聘則無文也云周之制以下周禮大行人文故大行人云侯服歲壹見甸服二歲壹見男服三歲壹見采服四歲壹見衛服五歲壹見要服六歲壹見是六者各以其服數來朝皆當方分爲四部分隨四時而來鄭注大行人云朝貢之歲四方各四分趨四時而來是方別各爲四分也近東者朝春近南者宗夏近西者覲秋近

北者遇冬故韓侯是北方諸侯而近於西故稱韓侯入覲鄭
云秋見天子曰覲又鄭注明堂位云魯在東方朝必以春魯
於東方近東故也以此言之則侯服朝者東方以秋南方以
冬西方以春北方以夏以其近京師舉此一隅自外可知悉
按大宗伯云春見曰朝注云朝猶朝也欲其來之早夏見曰
宗注云宗尊也欲其尊王秋見曰覲注云覲之言勤也欲其
勤王之事冬見曰遇注云遇偶也欲其若不期而俱至時見
曰會注云時見者言無常期諸侯有不順服者王將有征討
之事即春秋左傳云有事而會也殷見曰同注云殷衆也十
二歲王如不巡守則六服盡朝四方四時分來歲終則徧每
當一時一方摠來不四分也此六者諸侯朝王之禮又諸侯
有聘問王之禮故宗伯云時聘曰問注云時聘者亦無常期
天子有事乃聘之焉殷覜曰視注云殷覜謂一服朝之歲以
朝者少諸侯乃使卿以大禮衆聘焉一服朝在元年七年十
一年其諸侯自相朝則大行人云凡諸侯之邦交歲相問也
殷相聘也世相朝也注云小聘曰問殷中也久無事又於殷
朝者及而相聘也父死子立曰世凡君即位大國朝焉小國
聘焉鄭知久無事而相聘者按昭九年左傳稱孟僖子如齊
殷聘禮也知凡君即位大國朝焉小國聘焉者以襄元年邾
子來朝衛子叔晉知武子來聘左傳云凡諸侯即位小國朝

之大國聘焉邾是小國故稱朝衛晉是大國故稱聘若俱是敵國亦得來聘朝故司儀云諸侯相爲賓是也若已初即位亦朝聘大國故文公元年公孫敖如齊左傳云凡君即位卿出並聘若已是小國則往朝大國故文十一年曹伯來朝左傳云即位而來見也其天子亦有使大夫聘諸侯之禮故大行人云間問以諭諸侯之志歲徧存三歲徧覜五歲徧省間年一聘以至十一歲按昭十三年左傳云歲聘以志業間朝以講禮再朝而會以示威再會而盟以顯昭明賈逵服虔皆以爲朝天子之法崔氏以爲朝霸主之法鄭康成以爲不知何代之禮故異義云公羊說諸侯比年一小聘三年一大聘五年一朝天子左氏說十二年之間八聘四朝再會一盟許慎謹按公羊說虞夏制左氏說周禮傳曰三代不同物明古今異說鄭駮之云三年聘五年朝文襄之霸制周禮大行人諸侯各以服數來朝其諸侯歲聘間朝之屬說無所出晉文公强盛諸侯耳非所謂三代異物也是鄭以歲聘間聘朝文無所出不用其義也言晉文公但强盛諸侯耳何能制禮而云三代異物乎是難許慎之辭也異義朝名公羊說諸侯四時見天子及相聘皆曰朝以朝時行禮卒而相逢於路曰遇古周禮說春曰朝夏曰宗秋曰覲冬曰遇許慎按禮有覲經詩曰韓侯入覲書曰江漢朝宗于海知有朝覲宗遇之禮從

周禮說鄭駮之云此皆有似不爲古昔按覲禮曰諸侯前朝皆受舍于朝朝通名如鄭此言公羊言其摠號周禮指其別名異義天子聘諸侯公羊說天子無下聘義周禮說間問以諭諸侯之志許愼謹按禮臣疾君親問之天子有下聘之義從周禮說鄭無駮與許愼同也○注五年至巡守○正義曰知五年是虞夏之制者堯典云五載一巡守此正謂虞也以虞夏同科連言夏耳若夏與殷依鄭志當六年一巡守也云周則十二歲一巡守者大行人云十有二歲王巡守殷國故知周制十二年也按白虎通云所以巡守者何巡者循也守者收也爲天子循行守土收民道德大平恐遠近不同化幽隱不得其所者故必親自行之謙敬重民之至也所以不歲巡守何爲大煩過五年爲其大疏因天道三歲一閏天道小備五歲再閏天道大備故五年一巡守以此言之夏殷六歲者取半一歲之律呂也周十二歲者象歲星一周也○

歲二月東巡守至于岱宗○岱宗東嶽岱音代柴而望祀山川柴祭天告至也○柴仕佳反依字作祡覲諸侯覲見也○覲見如字舊賢遍反問百年者就見之就見老人命大師陳詩以觀民風

陳詩謂采其詩而視之○大音泰後大學大祖大子大樂正大史皆同命市納賈以觀民之所好惡志淫好辟市典市者賈謂物貴賤厚薄也質則用物貴淫則侈物貴民之志淫邪則其所好者不正○賈音嫁注同好呼報反下及注同惡烏路反辟匹亦反徐芳亦反侈昌氏反又式氏反邪似嗟反命典禮考時月定日同律禮樂制度衣服正之同陰律也山川神祇有不舉者爲不敬不敬者君削以地舉猶祭也○削息約反宗廟有不順者爲不孝不孝者君絀以爵○不順者謂若逆昭穆絀丑律反退也昭常遥反凡言昭穆放此變禮易樂者爲不從不從者君流流放也○樂音岳革制度衣服者爲畔畔者君討討誅也○有功德於民者加地進律律法也五月南巡守

至于南嶽如東巡守之禮八月西巡守至于
西嶽如南巡守之禮十有一月北巡守至于
北嶽如西巡守之禮歸假于祖禰用特假至也特
特牛也祖下及禰皆一牛○嶽音岳下同假音格禰乃禮反父廟也
【疏】歲二至用特○正義曰此一經論王者巡
守四嶽柴望及絀陟之事各依次解之○歲二月東巡守者
皆以夏之仲月以夏時仲月者律厤常得其中也二月八月
又書夜分五月十一月者陰陽終故取四仲月也○注岱宗
東嶽○正義曰嶽者何嶽之爲言桷也桷功德也必先於此
岱山者言萬物皆相代於東方故歲二月東巡守至于岱宗
宗者尊也岱爲五嶽之首故爲尊也○注柴祭天告至也○
正義曰柴祭天告至謂燔柴以祭上天而告至其祭天之後
乃望祀山川所祭之天則蒼帝靈威仰○覲諸侯○覲見也
謂見東方諸侯其見之禮按覲禮云諸侯覲於天子爲宮方
三百步四門壇十有二尋深四尺鄭注云王巡守至于方嶽
之下諸侯會之亦爲此宮以見之是也覲禮又云天子乘龍
載大旂拜日於東門之外反祀方明鄭注引朝事儀曰天子

冕而執鎮圭尺有二寸云帥諸侯而朝日於東郊所以教尊
尊也退而朝諸侯由此二者言之已祀方明乃以會同之禮
見諸侯也凡會同者不協而盟盟時設方明於壇上乃以載
辭告焉如覲禮及鄭注所云既告至之後爲宮加方明於壇
天子出宮東門外拜日反祀方明祀方明之後乃徹去方明
故鄭云由此二者言之已祀方明乃以會同之禮見諸侯云
二者謂覲禮經文朝日東門反祀方明朝事儀云朝日東郊
退而朝諸侯故云由此云二者言之已祀方明乃以會同之
禮見諸侯也今於覲禮未祀方明之前未有見諸侯之事皇
氏以爲未祀方明之前已見諸侯非也其祀方明之後見諸
侯之時王升立於壇上南面諸公中階之前北面諸侯東階
之東西面諸伯西階之西東面諸子門東北面諸男門西北
面王降階南面而見之三揖既升壇使諸侯升公拜於上等
侯伯於中等子男於下等見諸侯訖若有不協更加方明於
壇上諸侯等俱北面戎右傳敦血以授歃者司盟主其職故
司盟云掌其盟約之載及其禮儀北面詔明神於時王立無
文不可與諸侯同北面當於阼階上西面此是見諸侯之禮
祀方明之時祭天則燔柴也天謂日也與此岱宗柴所用事
別覲禮云祭天燔柴謂天子之盟也祭地瘞謂王官之伯盟
也祭山丘陵升及祭川沈者是諸侯之盟也此是巡守及諸

侯之盟祭也故注云升沈必就祭者也就祭則是謂王巡守及諸侯之盟祭也祭天柴謂祭日也祭地瘞者祭月也王巡守之盟其神主日諸侯之盟其神主山川則王官之伯會諸侯而盟其神主月與今此王制所主○岱宗柴者謂祭天告至而覲禮注引王制云王巡守至于岱宗柴是王巡守之盟其神主日又以柴爲盟之所用不同者告至與盟必非一事鄭意證巡守盟時有柴故引岱宗以證之其實別也覲禮云爲官即言加方明經文相連鄭注云王巡守至於方嶽之下諸侯會之亦爲此宮則亦有方明但文不具耳故巡守祭天燔柴祭地瘞埋皆是祭方明也故鄭於方明設六玉之下注云上宜以蒼璧下宜以黄琮而不以者則上下之神非天地之至貴者也以此言之明天子巡守之祭有方明也而皇氏云諸侯來就王會同有方明王巡守見諸侯無方明皇氏用之爲説其義非也○問百年者就見之○此謂到方嶽之下見諸侯之後○問百年者就見之若未至方嶽於道路之上有百年者則亦王先見之故祭義云天子巡守諸侯待於竟天子先見百年者下云八十九十者東行西行者弗敢過道經之則見之則知百年者道雖不經所在就見之與此少別○命大師陳詩以觀民風○此謂王巡守見諸侯畢乃命其方諸侯大師是掌樂之官各陳其國風之詩以觀其政令之善惡

若政善詩辭亦善政惡則詩辭亦惡觀其詩則知君政善惡
故天保詩云民之質矣日用飲食是其政和若其政惡則十
月之交徹我牆屋田卒汙萊是也○命市至好辟○命典市
之官進納物賈之書以觀民之所有愛好所有嫌惡若民志
淫邪則愛好邪辟之物民志所以淫邪由在上教之不正此
陳詩納賈所以觀民風俗是欲知君上善惡也○命典至正
之○典禮之官於周則大史也考按四時及十二月之大小
時有節氣早晚月有弦望晦朔考之使各當其節又正定甲
乙之日陰管之同陽管之律玉帛之禮鍾鼓之樂及制度衣
服各有等差當正之使正○堯典云協時月正日同律度量衡
文雖小異大意與此同也○注同同陰律也○正義曰鄭以先
儒以同爲齊同此律故辨之云同陰律也故大師云執同律
以聽軍聲又典同注云同陰律也不以陽律名管者因其先
言耳所以先言者以同爲平聲平爲發語之本今古悉然故
先言耳○山川至以爵○山川是外神故云不舉不舉不敬
也山川在其國竟故削以地宗廟是內神故云不順不順不
孝也宗廟可以表明爵等故絀以爵○注不順至昭穆○正
義曰按文二年秋八月丁卯大事于大廟躋僖公逆祀也左
傳曰夏父弗忌爲宗伯曰吾見新鬼大故鬼小先大後小順
也於是躋僖公於閔公之上是逆昭穆也○變禮至君討○

禮樂雖爲大事非是切急所須故以爲不從君惟流放制度
衣服便是政治之急故以爲畔君須誅討此四罪先輕後重
○注律法也○正義曰律法釋詁文法謂法度諸事皆是即
大行人上公九命繅藉九寸冕服九章建常九旂之等是也
五月至用特○言五月南巡至于南嶽者孔注尚書云自東
岳南巡守五月至則是從東嶽而去故鄭注尚書云每歸格
于祖既言每歸似是嶽別一歸若嶽別一歸而更去便是路
遠無由可至尚書既云巡守四嶽即云五載一巡守鄭云每
歸者謂每五年巡守而歸也其南嶽西嶽北嶽者按爾雅釋
山云泰山爲東嶽郭景純注云泰山爲東嶽在奉高縣西北○
霍山爲南嶽郭注山在衡陽相南縣南郭又云今在廬江灊
縣西漢武帝以說衡山遼曠因讖緯皆以霍山爲南嶽故移
其神於此其土俗人皆呼爲南嶽南嶽本自兩山爲名非從
近也如郭此言則南嶽衡山自有兩名一名衡山一名霍山
自魏武帝以來始從南嶽之神於廬江霍山耳華山爲西嶽
鄭注云在弘農華陰縣西南恒山爲北嶽郭注云在常山上
曲陽縣西北○注假至至一牛○正義曰假至也釋詁文也
云祖下及禰皆一牛者謂從始祖下及於禰廟別皆一牛鄭
以經云祖禰用特恐同用一牛必知每廟皆一牛者以尚書
堯典云歸格于藝祖用特祖既用特明知各用特也唐虞及

夏五廟則用五特也殷用六周用七也又尚書洛誥云文王騂牛一武王騂牛一是各用一牛也自此以上皆是巡守之禮雖未大平得為之故詩時邁巡守告祭柴望也時邁是武王詩邁行也時未大平而巡守也故大司馬云及師大合軍以行禁令以救無辜伐有罪鄭注云師所謂王巡守若會同不言大者未有敵不尚武又注云大師王出征伐也以此故知未大平得巡守皇氏以為未大平不巡守非也其封禪者必因巡守大平乃始為之故中候準讖哲云桓公欲封禪管仲曰昔聖王功成道洽符出乃封泰山今皆不至鳳皇不臻麒麟逃遁未可以封又禮器云升中於天鳳皇降龜龍假又鉤命決云刑罰藏頌聲作鳳皇至麒麟應封泰山禪梁甫管子又云封禪者須北里禾鄗上黍江淮之間三脊茅以為藉乃得封禪是大平祥瑞揔至乃得封禪也然武王之時未大平而時邁巡守之下注云天子巡行邦國至于方嶽之下而封禪也似武王得封禪者鄭因巡行連言封禪耳不謂當時封禪也白虎通云封禪所以必於泰山何萬物之始交代之處必於其上何因高告高順其類也故升封者增高也下禪梁甫之基廣厚也天以高為尊故增泰山之高以報天地以厚為德附梁甫之基以報地刻石紀號者著己之功跡或曰封以金泥銀繩或曰石泥金繩封之印璽孝經緯云封於泰

山考績燔燎禪於梁甫刻石紀號又管子云昔古封禪七十二家夷吾所識十有二焉無懷氏封太山伏犧神農少皡黄帝顓頊帝嚳帝堯帝舜禹湯周成王皆封泰山惟禹禪會稽成王禪社首爲異自外皆禪云云白虎通云三皇禪於繹繹之山明已成功而去有德者居之繹繹者無窮之意五帝禪於亭亭之山亭亭者制度審諦道德著明也三王禪於梁甫之山梁者信也甫者輔也信輔天地之道而行之所禪之山與管子不同者異人之説未知孰是云云亭亭繹繹梁甫並泰山旁小山名也

附釋音禮記注疏卷第十一

江西南昌府學栞

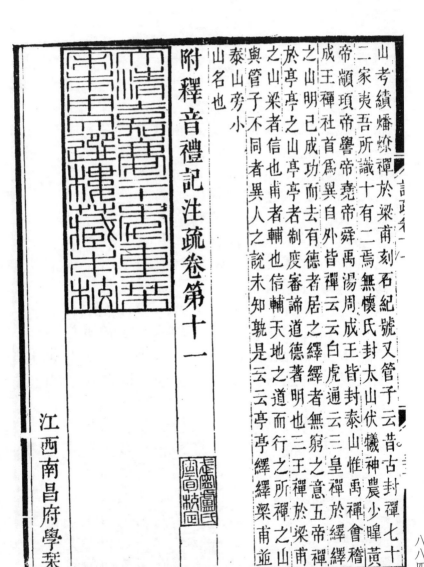

禮記注疏卷十一挍勘記　　阮元撰盧宣旬摘錄

附釋音禮記注疏卷第十一 惠棟挍宋本禮記正義卷第十五

王制第五

王者之制祿爵節

王者至五等 惠棟挍宋本無此五字

南面之君五者 閩監毛本同考文云宋板者作等盧文弨挍本云按下者字亦當作等而考文不著

故不自在其數 惠棟挍宋本同閩監毛本自誤目

熊氏云醮盡其才而用之 惠棟挍宋本作云醮此本云醮二字模糊閩監毛本作以爵

公者爲言平也閩監毛本同衞氏集說者作之

天子之田方千里節

附庸者閩監毛本同岳本同嘉靖本同衞氏集說同考文引古本足利本者上有城字非也困學紀聞云庸古墉字王莽曰附城蓋以庸爲城也

唯天子畿內不增閩監毛本同岳本同嘉靖本同衞氏集說同續通解畿內下有千里二字宋監本同考文引古本同案正義無千里二字

天子至附庸惠棟按宋本無此五字

舉正者言之耳閩本同惠棟按宋本同監毛本正誤止衞氏集說作舉正者言之爾

按元命包云王者封之考文引宋本同閩監毛本之作國衞氏集說同盧文弨云封之非

故轉相半別優劣 閩監毛本如此此本轉相半三字模糊衛氏集說半下有以字

如此經文不直舉夏時 閩監毛本同惠棟挍宋本如作知是也

云春秋改周之文從殷之質 閩監本同毛本改作變之誤子考文引宋板作之質

或黜減至七十五十里 閩監毛本作減此本減作咸衛氏集說亦作減七十下有里字

○按史漢多假咸爲減

須使民利國 閩監毛本同惠棟挍宋本使作便

若然夏家文應五篇 閩監毛本篇作等是也

制農田百畝節

田肥墽有五等收入不同也 閩監毛本如此岳本同嘉靖本同衛氏集說同此本田誤曰墽誤墩收誤候釋文出肥墝云本又作墽考文引古本作墝

制農至卿祿　惠棟挍宋本無此五字

正以七人六人五人爲宰者　考文引宋板同閩監毛本正作止衛氏集說同

是有九等　閩監毛本同衛氏集說同惠棟挍宋本是下有則字

此據準庶人在官之祿　惠棟挍宋本作準此本準字闕閩監毛本準作制非衛氏集說亦作準據上有經字

司徒上地家十八　閩監毛本同衛氏集說十作七是也浦鏜挍云七誤十齊召南云司徒上脫小字上大司徒所云農夫授田實有九等大字乃小字之訛也

再易之地家三百晦　閩監毛本作再此本再誤至

八鳩當一井　閩監毛本同浦鏜挍當上補而字

九夫爲數五數而當一井　閩監毛本同惠棟挍宋本數作藪是也

賦法積四十五閩監毛本同惠棟按宋本五下有井字

上地畝一鍾鍾六斛四斗監毛本同閩本鍾作鍾惠棟按宋本同下同

故載師有官田閩監毛本作載此本載字闕

次國之上卿節惠棟按云次國節其有中士節宋本合爲一節

此諸侯使卿大夫覜聘並會之序也閩本同岳本同嘉靖本同考文引宋板古本足利本同監毛本覜作頫衞氏集說同釋文出覜聘疏倣此○按爾雅覜視也覜訓視故從見

其爵位同閩監毛本同嘉靖本同衞氏集說同惠棟按宋本爵位作位爵宋監本岳本同考文引古本同

爵異固在上耳閩監本同岳本同嘉靖本同衞氏集說同考文引宋板古本足利本同正義亦作固毛本誤故

使卿絺冕閩監毛本同惠棟按宋本使作又

其有中士下士者節

正義曰中士者 惠棟挍宋本無正義曰三字

旣定在朝會 閩監毛本同惠棟挍宋本無定字衞氏集說同

本國出使其行至他國 閩監毛本其作是

是文以大國爲主 閩監毛本作主此本主誤王衞氏集說是作此

凡四海之內九州節

州建百里之國三十 閩監毛本同岳本同嘉靖本同衞氏集說同石經三十合作卅後凡三十字放此

五十里之國百有二十 閩監毛本同岳本同嘉靖本同衞氏集說同石經二十合作廿後凡二十字放此

立小國百二十十二小卿也 閩監毛本同岳本同嘉靖本同衛氏集說同惠棟挍宋本十十二字下又重十字○按正義云當十於十二小卿也是正義本十字當重又云定本云十十二小卿重有十字俗本直云十二小卿俗本誤也今各本脫一十字反同於正義所譏之俗本大謬也

不得障管 閩監毛本同岳本同嘉靖本同衛氏集說同釋文出章管云本亦作障正義引定本云不得不管亦賦稅而已

盈上四等之數并四十九 閩監毛本同衛氏集說同惠棟校宋本九作六岳本同嘉靖本同考文引古本足利本同岳本禮記考證云案盈上四等之數謂添上公侯伯子四等數也上既云方五百里者四四百里者六三百里者十一二百里者二十五綜四六十一二十五計之共應四十六并小國一百六十四是為一州二百一十國則非四十九明矣諸本六作九非

凡四至十國 惠棟挍宋本無此五字

故知準擬六卿言十於六卿六十也　閩監毛本同考文引宋板無言十於六卿五字衛氏集說同

定本云十十二小卿　閩監毛本作本此本本字闕

若不得取其財物　閩監毛本同惠棟挍宋本若作民衛氏集說同

以時入之于王府是也　閩本同監毛本王作玉是也衛氏集說同無之字

則五箇千里之方　閩監毛本同惠棟挍宋本方下有外字衛氏集說同

更得五十九箇百里之方　閩監毛本如此衛氏集說同此本九下衍外字

伯於三百里之上　閩監毛本有里字此本里字脫考文引宋板同

以其尊極故也　閩監毛本同惠棟宋本無也字

天子之縣內節

雖有致仕猶可卽而謀焉閩監毛本同嘉靖本同衛氏集說同惠棟挍宋本有作其宋監本岳本同案依正義作其

天子至閒田惠棟挍宋本無此五字

惟有九十三國者閩監毛本作者此本者字闕

土地旣減閩監毛本作減此本減作咸

亦入之王府閩監毛本同衛氏集說王作玉考文引宋板同

以大都之田任畺地是也惠棟挍宋本作畺衛氏集說同此本畺誤量閩監毛本同

凡九州節閩本此節疏十九二十兩頁上下截互易蓋板斷後聯之者誤也

不與不在數中也閩監本同考文引宋板同岳本同嘉靖本同衛氏集說同毛本數誤藪

春秋傳云閩監毛本同惠棟挍宋本云作曰宋監本岳本同嘉靖本同衛氏集說同考文引古本足利本

同

方千里者二十五　閩監毛本同嘉靖本同惠棟挍宋本五下有也字宋監本岳本同

凡九至不與　惠棟挍宋本無此五字

次經明天子縣內殷之畿內國畿　閩監毛本同惠棟挍宋本下畿作數衛氏集說作次經云天子縣內明殷之畿內國數

引春秋傳者哀七年左傳文　閩監毛本作七衛氏集說同此本七字漶滅

與會稽別也　閩監毛本作會稽此本會稽二字漶滅

按萬國之數鄭注皐陶謨　惠棟挍宋本如此衛氏集說同此本數鄭注三字漶滅閩監毛本作數注在脫鄭字衍在字

堯初制五服更五百里　閩監毛本同浦鏜依書疏改更作各

封國七有奇閩監毛本如此此本七有奇三字漶滅

以千里之方二爲公侯之國閩監毛本同惠棟挍宋本二作三

又以千里之方二爲伯七十里之國閩監本同毛本二作三

又以千里之方二爲子男五十之國此本二爲子三字漶滅

以二百國及奇餘爲附庸山澤惠棟挍宋本亦作二閩監毛本二作三

以地形不可方平如圖又有山澤不封之地閩監毛本同考文引宋板無方字澤字非也

帝德寛廣閩監毛本同惠棟挍宋本廣作遠

要服去王畿三千五百里閩監毛本同惠棟挍宋本畿作城

與周要服相當閩監毛本同衛氏集説同盧文弨云要當作蠻

又其外方五百里曰藩服　閩本同惠棟挍宋本亦作藩是也衞氏集說同監毛本藩作蕃

鄭駮之云而諸侯多少　閩監毛本同盧文弨云而字衍

則殷末諸侯千二百也　惠棟挍宋本同閩監毛本二作八又此本二字誤重

天子百里之內以共官節

天子至爲御　惠棟挍宋本無此五字

四面相距則二百里　惠棟挍宋本同閩監毛本二作五衞氏集說同

千里之外設方伯節

千里至二伯　惠棟挍宋本無此五字

鄭荅志云　閩監毛本同浦鏜云當鄭志荅某云之誤盧文弨云荅字衍

大公爲王官伯惠棟挍宋本作王此本王誤三閩監毛本作五亦非

而立五侯九伯閩本同惠棟挍宋本同監毛本立作云盧文弨云立字非

其寔無也閩監毛本同惠棟挍宋本寔作實

千里之內曰甸節

服治田出穀稅閩監毛本同岳本同嘉靖本服誤使衞氏集說作甸謂服治田出穀稅甸謂二字衞氏以意增成之耳考文云古本服上有甸字稅下有者也二字足利本作甸服能治田出穀稅者皆非正義云定本直云服治田出穀稅無甸字可見當時本不一而正義則定從定本也疏中標起止亦無甸字可證

千里至曰流惠棟挍宋本無此五字

服治至穀稅閩監毛本同惠棟挍宋本作服治田出穀稅

經云千里之外曰采閩監毛本云作文非也考文引宋板亦作云

注謂九至里流閩監毛本同惠棟挍宋本作曰流盧文弨云宋本此段標曰流二字乃是釋經文非釋注也

天子三公節

天子至元士惠棟挍宋本無此五字

以明堂殷官二百閩本同惠棟挍宋本同監毛本二誤三衛氏集說亦作二堂下有位字

或舉殷也惠棟挍宋本此下標禮記正義卷第十五終記云凡二十二頁

大國三卿節此本經次國上小國上皆有○嘉靖本同非也閩監毛本去○是○惠棟挍宋本自此節起至歲二月止爲第十六卷卷首題禮記正義卷第十六

如今詔書除吏矣惠棟挍宋本監本岳本嘉靖本同衛氏集說同閩監毛本矣上衍是字

大國至七八惠棟挍宋本無此五字

但大國三卿並受命於天子也閩監毛本同衞氏集說也作耳

故此云下大夫五上士二十七人閩監毛本同惠棟挍宋本五下有人字是也考文引宋板上作人山井鼎云或作上或作人俱脫一字當作下大夫五人上士二十七人按此考文與惠挍不同

天子使其大夫爲三監節

天子使其至三人惠棟挍宋本無此七字

天子之縣內諸侯節

不得位閩監毛本同衞氏集說同惠棟挍宋本位作世宋監本岳本嘉靖本同○按正義云不得繼世之事則作世是也

天子至祿也惠棟挍宋本無此五字

外諸侯節

外諸侯嗣也　惠棟挍宋本無此五字

制三公一命衮節

制三至五命　惠棟挍宋本無此五字

又覲禮皆作衮　閩監毛本同惠棟挍宋本又作及是也衛氏集說同

按有虞氏皇而祭之下　閩監毛本同考文引宋板皇作望

土記位南方　閩監本同毛本記作託按玉海集鄭易注作土無正位託于南方是亦作託字

故知虎蜼虞夏已飾於尊　閩本同惠棟挍宋本同監毛本蜼誤彝

藻者取其絜清有文　閩監毛本絜作潔俗絜字下絜白同

黻謂兩已相背　閩監毛本同浦鏜挍云爲誤謂已當亞誤

皆希以爲繡 惠棟挍宋本同閩監毛本希作絺衞氏集說同按周禮注作希釋文云本又作絺○按依說文當作黹

希之衣一章 監本同衞氏集說亦作希是也閩毛本希作絺

絺衣一章 閩本同惠棟挍宋本同監毛本絺作希

裳法地章數偶 閩監毛本同惠棟挍宋本章上有故字衞氏集說同

絺冕之衣獨繡者 閩本同監毛本絺作希山井鼎云此疏中希冕之希正嘉二本共作絺宋板或作絺又作希參差不同今不復一一記之但從糸者近是按山井鼎說非也此本疏中凡引經注成文作希者皆仍作希其非引經注成文則皆作絺宋本當同此例閩本一槩改從絺監毛本又一槩改從希皆未知孔氏之意也

其元端則二尺二寸 閩監毛本同浦鏜挍則下補袂字

絺冕五旒　閩本同監毛本絺作希

舉首爲重故也　惠棟按宋本有首字此本首字脱閩監毛本同

孤之服自希冕而下　監毛本同閩本希作絺

公之衮冕章數與王同　惠棟按宋本有章字此本章字脱閩監毛本同

其孤則絺冕　閩本同監毛本絺作希下無孤之國卿絺冕以此言之卿絺冕絺冕三旒孤絺冕而下並同

故聘禮云主國之喪　閩監毛本同惠棟按宋本云作王非

諸侯及孤卿大夫之冕韋皮弁　閩監毛本同惠棟按宋本韋下有弁字與周禮弁師合

繅玉皆三采　閩監毛本同惠棟按宋本繅作藻

用玉三十二命之卿繅三就閩監毛本同惠棟按宋本命上有三字考文記宋板命上復有二字亦與惠按小異○按二卽三字之誤檢周禮注自得也

冠弁兼於韋弁皮矣是也閩監毛本矣改弁惠棟按宋本矣上有弁字是

大國之卿節

與下大夫一命閩監毛本同岳本同嘉靖本同衛氏集說同石經闕考文云古本一作壹

大國至一命惠棟按宋本無此五字

凡官民材節

凡官至祿之惠棟按宋本無此五字

正義曰爵謂正其秩次惠棟按宋本無正義曰三字

爵人於朝節

與衆弃之石經同岳本同嘉靖本同閩監毛本弃作棄衛氏集說同

士遇之塗閩監毛本同石經同岳本同嘉靖本同衛氏集說同釋文出之涂云本又作塗正義本作塗○按古道塗字多作涂

亦弗故生也石經岳本嘉靖本宋監本同惠棟挍宋本亦作亦閩監毛本亦誤示衛氏集說同按正義云非但不使意在亦不欲使生正䟽經文亦字義石經考文提要云宋大字本余仁仲本劉叔剛本禮記纂言皆作亦

困乏又無賙餼也閩本惠棟挍宋本岳本宋監本嘉靖本同衛氏集說同監毛本又誤及

爵人至生也惠棟挍宋本無此五字

合所之適處而居之閩監毛本同衛氏集說之適作適之

解經亦弗故生考文引宋板同閩監毛本亦誤示

謂桎一梏二拲二考文引宋板同閩監毛本二作三盧文弨云按梏二拲二與桎一是五種

從宋本是

以人道絕也 惠棟校宋本作人此本人字殘闕閩監毛本人作夫非

諸侯之於天子也節

諸侯至一朝 惠棟挍宋本無此五字

四年又徧 閩監毛本同考文引宋板又作乃

按鄭注尚書曰方諸侯 閩監毛本同惠棟挍宋本曰作四是也

是鄭以歲聘間聘朝文無所出 閩監毛本同惠棟挍宋本無間下聘字

守者收也爲天子循行守土收民 閩監毛本同浦鏜云牧誤收○按浦鏜是也作牧字與通典及初學記所引合又孫志祖云李善注東都賦引禮記逸禮曰巡狩者何巡者循也狩牧也謂天子巡行守牧也亦作牧之一證

道德大平　閩監毛本大作太下大煩大疏同

謙敬重民之至也　閩監毛本同浦鏜從禮器疏挍謙改謹

歲二月節

舉猶祭也　閩本同惠棟挍宋本同岳本同嘉靖本同衞氏集說同監毛本祭誤宗

歲二至用特　惠棟挍宋本無此五字

嶽之爲言桶也桷功德也　惠棟挍宋本作桷此本桷誤桶閩監毛本改桶作誦亦非也山井鼎云白虎通作桶恐桷字誤風俗通作角盧文弨改從觕云觕與角同浦鏜改作捔

其祭天之後乃望祀山川　閩監毛本山誤三惠棟挍宋本亦作山衞氏集說作而後望祀山川

故云由此云二者言之　閩監毛本同惠棟挍宋本無下云字

今此王制所主岱宗柴者閩監毛本同惠棟挍宋本主作注是也

則亦王先見之考文引宋板同閩監毛本亦王作王亦衞氏集說同

鍾鼓之樂閩監毛本鍾作鐘衞氏集說作鼓鍾之樂

宗庿是內神閩監毛本庿作廟衞氏集說同下宗庿可以表明爵等大事于大庿同

郭注山在衡陽相南縣南閩監本同相作湘毛本亦作湘山誤云

今在廬江潛縣西閩監毛本同浦鏜挍潛改灊按爾雅釋山郭注作灊

自魏武帝以來閩監毛本同齊召南云按魏字誤從衞之祀於霍自漢武帝始也尚書疏作漢字是

管子又云封禪者惠棟挍宋本作子此本子誤中閩監毛本因作仲非也

鄭因巡行連言封禪耳閩監毛本同惠棟挍宋本行作守

孝經緯云惠棟挍宋本同閩監毛本緯誤諱考文云宋板云字闕

昔古封禪七十二家閩監毛本同惠棟挍宋本昔作自

附釋音禮記注疏卷第十一終惠棟挍宋本標禮記正義卷第十六終記云凡二十一頁

禮記注疏卷十一挍勘記

附釋音禮記注疏卷第十五

王制　鄭氏注　孔穎達疏

天子將出類乎上帝宜乎社造乎禰諸侯將出宜乎社造乎禰帝謂五德之帝所祭於南郊者類宜造皆祭名其禮亡○禷音類造七報反下及注同

疏天子至乎禰○正義曰此一經論天子巡守之禮也將出謂初出時也知此是巡守者以下別云天子將出征類乎上帝故知此是巡守也類乎上帝者謂祭告天也宜乎社者此巡行方事誅殺封割應載社主也云宜者令誅伐得宜亦隨其宜而告也社主於地又為陰而誅殺亦陰故於社也故書云弗用命戮于社是也○造乎禰者造至也謂至父祖之廟也然此出歷至七廟知者前歸假既云祖禰明出亦告祖禰也今惟云禰者白虎通云獨見禰何辭從卑不敢留尊者之命至禰不嫌不至祖也皇氏申之云行必有主無則主命載于齊車書云用命賞于祖是也今出辭別先從卑起最後至祖仍取遷主則行也若前至祖後至禰是留尊者之命為不敬也故曲禮曰已受命君言不

宿於家亦其類也若還則先祖後禰如前所言也所以然者
先應反。主祖廟故也然出告天地及廟還惟告廟不告天地
者白虎通云還不復告天者天道無外內故不復告也。諸
侯將出者謂朝王及自相朝盟會征伐之事也。宜乎社者不
得告天故從社始也亦載社主也。造乎禰者亦告祖及載
主也惟言出告則歸亦告也曾子問曰出反必親告于祖禰
是也天子用特牲諸侯畢則否也曾子問注云皆奠幣以告
之是也。注帝謂至禮亡。正義曰證天子類帝是祭五德
帝也鄭注月令祈穀於上帝爲大微之帝注此上帝爲五德
五德似如大皞五人之帝二文不同庾蔚云謂大微五帝應
於五行五行各有德故謂五德之帝木神仁金神義火神禮
水神知土神信是五德也云所祭於南郊者按五德之帝應
祭四郊此獨云祭於南郊者謂王者將行各一祭所出之帝於
南郊猶周人祭靈威仰於南郊是五帝之中一帝故上摠云
帝謂五德之帝此據特祭所出之帝故云祭於南郊云類宜
造皆祭名者按小宗伯云凡天地之大裁類社稷宗廟則爲
位鄭注云禱祈禮輕類者依其正禮而爲之是類爲祭名也
按爾雅釋天云起大事動大衆必先有事乎社而後出謂之
宜孫炎注云求便宜也是宜爲祭名也按大祝六祈一曰類
二曰造是造爲祭名也但天道懸遠以事類告之社主殺戮

故求其便宜廟爲親近故以奉至言之各隨義立名也○天子無事與諸侯相見曰朝事謂征伐○與如字朝直遥反考禮正刑一德以尊于天子天子賜諸侯樂則以柷將之賜伯子男樂則以鼗將之將謂執以致命柷鼗皆所以節樂○柷昌六反樂音岳鼗音桃○諸侯賜弓矢然後征賜鈇鉞然後殺賜圭瓚然後爲鬯未賜圭瓚則資鬯於天子得其器乃敢爲其事圭瓚鬯爵也鬯秬酒也○鈇方于反又音斧鉞音越圭字又作珪按說文珪古字圭今字瓚才旦反鬯勑亮反秬音巨黑黍也【疏】天子至天子○正義曰此一節論諸侯朝天子天子賜之事各隨文解之○注事謂征伐○正義曰知事非喪故而爲征伐者若王室有喪則朝赴不廢故傳云天子七月而葬同軌畢至此朝謂常朝雖四時而來朝朝是揔名也若時會之禮有征伐之事則此常朝別也○考禮正刑一德以尊于天子者考禮謂諸侯相與朝王之時考校禮儀正定刑法專一道

德以尊崇天子不言樂者禮中兼之禮刑是施用於人故先言之道德是己之所行故後言之○注將謂至節樂○正義曰此與人之物置其所與大者於地執其小者以致命於人將行也謂執以行命云柷敔皆所以節樂者按漢禮器制度柷狀如漆筩中有椎將作樂先擊之敔如小鼓長柄旁有耳搖之使自擊柷之節樂節一曲之始其事寬故以將諸侯之命敔所以節一唱之終其事狹故以將伯子男之命○諸侯至天子○賜弓矢者謂八命作牧者若不作牧則不得賜弓矢故宗伯云八命作牧注云謂諸伯有功德者加命得專征伐此謂征伐當州之内若九命爲二伯則得專征一方五侯九伯也若七命以下不得弓矢賜者尚書大傳云以兵屬於得專征伐者此弓矢則尚書彤弓一彤矢百盧弓十盧矢千於周禮則當唐弓大弓合七而成規者故司弓矢云唐弓大弓以授使者勞者注云若晉文侯文公受王弓矢之賜者賜鈇鉞者謂上公九命得賜鈇鉞然後鄰國臣弒君子弒父者得專討之晉文侯雖受弓矢不受鈇鉞崔氏云以不得鈇鉞不得專殺故執衛侯歸之於京師○賜圭瓚者亦謂上公九命者若未賜圭瓚者則用璋瓚故周禮小宗伯注云天子圭瓚諸侯璋瓚既不得鬯則用薰故王度記云天子以鬯諸侯以薰圭瓚之制按玉人職大璋中璋之下云黃金勺青金外

朱中鼻寸衡四寸鄭注云鼻勺流也凡流皆爲龍口也三璋之勺形如圭瓚又典瑞注瓚槃大五升口徑八寸下有槃口徑一尺又明堂位注云以大圭爲柄玉人注又云有流前注此是圭瓚之形也鬯者釀秬黍爲酒和以鬱金之草謂之鬱鬯不以鬱和直謂之鬯此鬯者謂鬯也此弓矢鈇鉞圭瓚等八命九命而加九賜也晉文侯雖以州牧之禮命之所賜者皆九賜之物但無鈇鉞之賜其前文賜樂者非九賜之樂故伯子男亦得受之魯無弓矢之賜陳恒弑君孔子請討之者春秋之時見鄰國篡逆亦得專征伐若鄰國無罪而輒征之則不可故哀公八年魯伐邾吳子討之是也○天子命之教然後爲學小學在公宮南之左大學在郊學所以學士之宮尚書傳曰百里之國二十里之郊七十里之國九里之郊五十里之國三里之郊此小學大學殷之制天子曰辟廱諸侯曰頖宮尊卑學異名辟明也廱和也所以明和天下頖之言班也所以班政教也○辟音壁注同頖音泮【疏】天子至頖宮○正義曰此一節論天子命諸侯立學及學名之事各依文解之○注尚書至之制正義曰所引書傳者伏生多士傳文假令百里之國國城居

中面有五十里二十里置郊郊外仍有三十里七十里之國
國城居中面有三十五里九里置郊郊外仍有二十六里五
十里之國城居中面有二十五里三里置郊郊外仍有二
十二里此皆以四里爲差此經小學在公宮南之左大學在
郊既是殷制故引書傳郊之所在以明之若周制則司馬法
云百里郊郊天子畿內方千里百里爲郊則諸侯之郊皆計竟
大小故聘禮注云遠郊上公五十里侯伯三十里子男十里
也近郊各半之鄭必知近郊半遠郊者按書序云命君陳分
正東郊成周注云東郊周之近郊也蓋五十里今河南洛陽
相去則然以天子近郊半遠郊則知諸侯近郊皆半遠郊也
以經承上諸侯之下故直云天子命之教不云命諸侯從
可知經云此小學大學殷之制者以下文云殷人養國老於右
學養庶老於左學則左學小右學大此經云小學在公宮南
之左故知殷制也周則左大學在國小學在四郊下文具也○
注辟明至教也○正義曰釋詁云辟君也君則尊明廱和也
釋訓文明云所以明和天下者謂於此學中習學道藝欲使天
下之人悉皆明達諧和故云明和天下云頖之言班也所以
班政教也者頖是分判之義故爲班於此學中施化使人觀
之故云所以班政教也按詩注云土雝水之外圓如璧注又
云頖之言半以南通水北無也二注不同者此注解其義詩

注解其形於此必解其義者以上云天子命之教是政教治理之事故以義解之詩云王在在靈沼於牣魚躍又云思樂泮水薄采其芹皆論水之形狀故詩注以形言之○天子將出征類乎上帝宜乎社造乎禰禡於所征之地禡師祭也爲兵禱其禮亦亡○禡馬怕反又音百注同爲于僞反下爲盡物同禱丁老反受命於祖告祖也受成於學定兵謀也出征執有罪反釋奠于學以訊馘告釋菜奠幣禮先師也訊馘所生獲斷耳者詩曰執訊獲醜又曰在頖獻馘馘或爲國○訊本又作誶音信注同馘古獲反截耳斷音短下斷殺同【疏】天子至馘告○正義曰此一經論天子出征所祭之事各依文解之○注禡師至亦亡○正義曰按釋奠云是類是禡師祭也故知禡爲師祭也謂之禡者按肆師注云貉讀如十百之百爲師祭造軍法者禱氣勢之增倍也其神蓋蚩蚘或曰黃帝鄭旣云祭造軍法者則是不祭地熊氏以禡爲祭地非師祭皆稱類爾雅類旣爲師祭所以上文云天子將出巡守類乎上帝及舜之攝位亦類乎上帝並非師祭皆稱類者但爾雅所釋多爲釋詩以皇矣云是

類是禡止釋皇矣類禡爲師祭不謂餘文類皆爲師祭但類者以事類告天若以攝位事類告天亦謂之爲類若以巡守事類告天亦謂之爲類故異義夏侯歐陽說以類祭天者以事類祭之古尚書說非時祭天謂之類許慎謹按周禮郊天無言類類者知類非常祭從古尚書說鄭氏無駁與許同也然今尚書及古尚書二說其文雖異其意同也以事類告祭則是非常故孔注尚書亦云以攝位事類告天鄭又以類雖非常祭亦比類正禮而爲之故小宗伯注云類者依其正禮而爲之是也○受命至馘告○受命於祖謂出時告祖是不敢自專有所稟承故言受命祖禰皆告以祖爲尊故特言祖此受命於祖則前文造乎禰也但前文據告行故云造乎禰此據以征伐之事故云受命於祖所以重起其文也然則受命於祖在造乎禰之前但前文類帝宜社禡於所征之地總說出行之時然後卻本初時受命於祖受成於學之事所以文倒也受成於學者謂在學謀論兵事好惡可否其謀成定受此成定之謀在於學裏故云受成於學○出征執有罪者謂出師征伐執此有罪之人還反而歸釋菜奠幣在於學以可言問之訊截左耳之馘告先聖先師也○注釋菜至獻馘○正義曰按大胥職云春入學舍采合舞文王世子亦云釋菜鄭注云釋菜禮輕也則釋菜惟釋蘋藻而已無牲牢無幣帛文

王世子又云始立學者旣興器用幣注云禮樂之器成則釁之又用幣告先聖先師以器成此則[illegible]用幣而無菜亦無牲牢也文王世子又云凡始立學者必釋奠於先聖先師及行事必以幣是釋奠有牲牢又有幣帛無用菜之文熊氏以此爲釋菜奠幣者謂釋奠之禮以獻俘馘故云釋菜奠幣言釋奠之時旣有牲牢菜幣兩有今按注云釋菜解經中釋字奠幣解經中奠字又云禮先師不云祭先師則以訊馘告之時但有菜幣而已未必爲釋奠有牲牢也於事有疑未知孰是故備存焉然則釋菜奠幣皆告先聖先師此直云先師文不具耳云訊馘所生獲斷耳者以生獲解訊以斷耳解馘按釋言云訊言也故詩注云執其可言問者釋詁云馘獲也訊是生者馘是死而截耳者云詩曰執訊獲醜者詩小雅出車篇文也云又曰在頖獻馘者魯頌泮水篇文也按周禮宗伯師還獻愷於祖司馬職云愷樂獻于社此記不云祖及社者文不具周禮不云獻愷於學者亦文不具

○天子諸侯無事則歲三田一爲乾豆二爲賓客三爲充君之庖三田者夏不田蓋夏時也周禮春曰蒐夏曰苗秋曰獮冬曰狩乾豆謂腊之以爲祭祀豆實也庖今之廚也○乾音干庖步交反蒐所交反獮

息淺反腊音昔無事而不田曰不敬田不以禮曰暴天物不敬者簡祭祀畧賓客天子不合圍諸侯不掩羣爲盡物也○合如字徐音閤揜音掩本又作掩天子殺則下大綏諸侯殺則下小綏綏當爲緌緌有虞氏之旌旗也下謂斃之○緌依注音緌耳佳反下注同大夫殺則止佐車佐車止則百姓田獵佐車驅逆之車○獵力輒反驅匚于反又匚遇反獺祭魚然後虞人入澤梁豺祭獸然後田獵鳩化爲鷹然後設罻羅草木零落然後入山林昆蟲未蟄不以火田取物必順時候也梁絕水取魚者罻小網也昆明也明蟲者得陽而生得陰而藏○獺徐他達反又他瞎反豺仕皆反罻音尉一音鬱零本又作苓音同說文云草曰苓木曰落蟲直隆反下同蟄直立反不麛不卵不殺胎不殀夭重傷

未成物殀斷殺少長曰夭。麛本又作麑音迷同卵力管反
胎吐來反殀夭上於表反下烏老反斷丁亂反又音段少長
上詩召反下丁丈反

不覆巢

覆敗也。覆芳服反注同

〔疏〕天子至覆巢。正義曰此一節論天
子以下田獵之事各隨文解之。天子諸侯無事者謂無征
伐出行喪凶之事則一歲三時田獵獵在田中又爲田除害
故稱田也。一爲乾豆者謂乾之以爲豆實豆實非脯而云
乾者謂作醢及臡先乾其肉故云乾豆是上殺者也。二爲賓
客中殺者也。三爲充君之庖下殺者也故穀梁淵聖御名
四年范甯云上殺中心死速乾之以爲豆實次殺射髀骼死
差遲故爲賓客下殺中腸污泡死最遲故充庖廚又車攻毛
傳云自左膘而射之達於右腢爲上殺射右耳本次之射左
髀達於右䯚爲下殺是亦有三等之殺先宗廟次賓客者尊
神敬賓之義。注三田至曰狩。正義曰夏不田蓋夏時也
者以夏是生養之時夏禹以仁讓得天下又觸其夏名故夏
不田鄭之此注取春秋緯運斗樞之文故以爲夏不田若何
休稍異於此故穀梁傳淵聖御名四年公狩于郎傳曰春曰
田夏曰苗秋曰蒐冬曰狩何休云運斗樞曰夏不田穀梁有
夏田於義爲短鄭玄釋之云四時皆田夏殷之禮詩云之子
于苗選徒囂囂夏田明矣孔子雖有聖德不敢顯然改先王

之法以教授於世若其所欲改其陰書於緯藏之以傳後王穀梁四時田者近孔子故也公羊正當六國之亡讖緯見讀而傳爲三時田作傳有先後雖異不足以斷穀梁也如鄭此言三時之田不敢顯露陰書於緯四時之田顯然在春秋之經穀梁爲傳之時去孔子既近不見所藏之緯唯覩春秋見經故以爲四時田也公羊當六國之時去孔子既遠緯書見行於世公羊既見緯文故以爲三時田又鄭釋廢疾云歲三田謂以三事爲田即上一曰乾豆之等是深塞何休之言當以○注爲正云周禮春曰蒐以下周禮大司馬職文彼注云夏田爲苗擇取不孕任者若治苗去不秀實者秋田爲獮獮殺也中殺者多也冬田爲狩言守取之無所擇也鄭不釋蒐者蒐擇也亦謂擇取不孕者以義可知故不解也然春秋四時田獵皆曰蒐者以春蒐之禮行之故也田不以禮曰暴天物者若田獵不以其禮殺傷過多是暴害天之所生之物以禮田者則田下文天子不合圍以下至不覆巢皆是也○天子至掩羣○天子四時田獵皆得圍但圍而不合若諸侯惟春田不得圍○其夏秋冬皆得圍圍亦不合故下曲禮云國君春田不圍澤○諸侯不掩羣得圍者是畿內諸侯爲天子大夫故下曲禮云大夫不掩羣此皆是熊氏之說若皇氏以此爲夏殷禮下曲禮爲周禮義或然也○注綏當至弊之○正義曰綏字

是糸旁妥是登車之索綏字是糸旁委是旌旗之名經作綏字故云綏當爲綏云有虞氏之旌旗也者按明堂位云有虞氏之旂夏后氏之綏鄭注云有虞氏當言綏旌旗無旒者周謂之大麾於周則春夏田用綏故鄭荅趙商云春夏用大麾秋冬用大常云下謂弊之者謂弊仆於地也若初殺時則抗之已殺獵止之時則弊之故詩傳云天子發抗大綏諸侯發抗小綏此抗綏以表天子諸侯之獲周禮大司馬以旗致民注云小旗者立旗期民於其下也山虞云植虞旗澤虞云植虞旌謂田獵罷致禽旌旗也並與此綏不同也○大夫至田獵○大夫殺則止佐車則天子諸侯殺未止佐車也云佐車止則百姓田獵以此推之則天子殺然後諸侯殺諸侯殺然後大夫殺故詩傳云天子發然後諸侯發諸侯發然後大夫士發是也此云佐車止則百姓田獵謂冬獵之時然則大綏小綏者是夏殷之法秋冬皆用綏異於周也○注佐車驅逆之車○正義曰按大司馬云乃設驅逆之車注云驅驅出禽獸使趍田者也逆逆要不得令走凡四時田獵欲止之時各不同也按大司馬春火弊謂春時田獵殺獲禽獸將畢揔放火焚萊而後止春用火者鄭注因焚萊除陳草皆殺而火止大司馬又云夏車弊注云車弊驅獸之車止也謂獵人殺禽既畢布列車乘揔驅禽獸而後止息鄭云夏田主用車示所

取物希皆殺而車止鄭即引王制云大夫殺則止佐車佐車
止則百姓田獵是殺禽既畢佐車休止但夏時佐車止百姓
未得田獵鄭云百姓田獵者因引王制之成文大司馬又云
秋羅弊注云秋田主用罔中殺者多也皆殺而罔止大司馬
又云冬徒弊注云冬田主用衆物多衆得取也○獺祭至火
田○按月令正月獺祭魚孝經緯云獸蟄伏獺祭魚則十月
中也是獺一歲再祭魚此下文鳩化爲鷹草木零落文相連
接則獺祭魚然後虞人入澤梁謂十月時按魯語李革云鳥
獸孕水蟲成於是乎禁罝罦羅網又云獸長麛夭鳥翼鷇卵
注云謂季春時然則正月雖獺祭魚虞人不得入澤梁○豺
祭獸然後田獵者按月令九月豺乃祭獸夏小正十月豺祭
獸則是九月末十月之初豺祭獸之後百姓可以田獵鳩化
爲鷹然後設罻羅者謂八月時但鳩化有漸故月令季夏云
鷹乃學習孟秋云鷹乃祭鳥其鳩化爲鷹則八月時也以月
令二月時鷹化爲鳩則八月鳩化爲鷹也故周禮司裘云中
秋獻良裘鄭司農注云中秋鳩化爲鷹是也設罻羅者按說
文云罻捕鳥網也又爾雅云鳥罟謂之羅罻羅摠是捕鳥之
網○草木零落然後入山林者謂十月時按月令季秋草木
黃落其零落芟折則在十月也故毛詩傳云草木不折不操
斧斤不入山林此謂官民摠取林木若依時取者則山虞云

仲冬斬陽木仲夏斬陰木不在零落之時昆蟲未蟄不以火田者謂未十月之時十月則得火田故羅氏云蜡則作羅襦注云今俗放火張羅從十月以後至仲春皆得火田故司馬職云春火弊是也若陶鑄之火則季春出火季秋內火按司爟云季春出火季秋內火知是陶鑄之火者按春秋昭六年左傳云三月鄭人鑄刑鼎士文伯曰火未出而作火鄭其有災乎刑鼎則陶鑄也○注昆明也○正義曰按說文曰昆同也今云明者以字從日故為明不靡至殀夭○不靡不卵擄春時特甚不殀夭之等亦然故國語云獸長麛夭鳥翼鷇卵是春尤甚此注云重傷未成物則四時皆然也國語既云獸長麛夭夭與麛相連故鄭云少長曰夭

五穀皆入然後制國用 ○冢宰制國用必於歲之杪 制國用如今度支經用杪末也○杪亡小反度支大各反下音之 用地小大視年之豐耗 小國大國豐凶之年各以歲之收入制其用多少多不過禮少有所殺○耗呼報反殺色戒反又色別反 以三十年之通制國用量入以為出 通三十年之率當有九年之蓄出謂所當給為○量音亮率音律又音類本又作繂

之蓄勑六反後皆同祭用數之仂筭今年一歲經用之數用其什一○仂音勒又音力什音十喪三年不祭唯祭天地社稷爲越紼而行事不敢以卑廢尊越猶躐也紼輴車索○紼音弗躐力輒反輴勑倫反索悉各反喪用三年之仂喪大事用三歲之什一喪祭用不足曰暴有餘曰浩暴猶耗也浩猶饒也○浩胡老反祭豐年不奢凶年不儉常用數之仂國無九年之蓄曰不足無六年之蓄曰急無三年之蓄曰國非其國也三年耕必有一年之食九年耕必有三年之食以三十年之通雖有凶旱水溢民無菜色然後天子食日舉以樂菜色食菜之色民無食菜之飢色天子乃日舉以樂以食○日人一反下同【疏】冢宰至以樂○正義曰此一節論冢宰制

國用及年之豐耗并喪祭及所蓄積之法各隨文解之。用地小大視年之豐耗者。用謂制國之用凡制國用多少必計地小大又視年之豐耗若地大年豐則制用多若地小年耗則制用少故鄭云多不過禮少有所殺。以三十年之通制國用量入以爲出者言欲制國用之時先以三十年通融之法留九年蓄外計見在之物以制國用假令一年有四萬斛以一萬斛擬三十年通融積聚爲九年之蓄以見在三萬斛制國之來歲一年之用量其今年入之多少以爲來年出用之數。注通三至給爲。正義曰通三十年之率者每年之率入物。分爲四分一分擬爲儲積三分而。當年所用二年又留一分三年又留一分是三年總得三分爲一年之蓄三十年之率當有十年之蓄此云當有九年之蓄者崔氏云三十年之間大略有閏月十二足爲一年故爲有九年之蓄是。王肅以爲二十七年有九年之蓄而言三十者舉全數兩義皆通未知孰是也云出謂所當給爲者給謂給百官賓客及民人也爲謂爲造國家器物也。注筭今至什一。正義曰知用今年一歲經用者以下文云喪用三年之仂此直云數之仂故知是一歲之仂也又知仂爲什一者以仂是分散之名故考工記云石有時以泐考工記又云以其圍之防捎其藪彼注防謂三分之一此云什一者以民稅一歲之十一則國祭所用亦什一也此謂當年經用之內用其什一非是通計擬三年儲積之蓄也故鄭云一歲經用之數○注不敢至車索○正義曰私喪者是其卑天地社稷是其尊今雖遭私喪既殯已後若有天地社稷之祭即行之故云不敢以卑廢尊也越是踐躐之義故云越猶躐也但未葬之前屬紼於輴以備火災今既祭天地社稷須越躐此紼而往祭之故云越紼云紼輴車索者以停住之時指其繩體則謂之紼若在塗人挽而行之則謂之引故鄭注雜記云廟中曰紼在塗曰引天地社稷故有越紼之禮六宗及山川之等卑於天地社稷待喪終乃祭故鄭志答田瓊云天地郊社至尊不可廢故越紼祭之六宗山川之神則否其宮中五祀在喪內則亦祭之故曾子問云君薨五祀之祭不行既殯而祭之自啓至於反哭五祀之祭不行既葬而祭之但祭時須人既少衆官不皆使盡去不須越紼故鄭荅田瓊云五祀宮中之神喪時朝夕出入所祭不爲越紼也天地社稷之祭豫卜時日今忽有喪故既殯越紼行事若遭喪之後當天地郊社常祭之日其啓殯至於反哭則避此郊社祭日而爲之按禮卒哭而祔練而禘於廟此等爲新死者而爲之則非常祭也其常祭法必待三年喪畢也其春秋之時未至三年而爲吉祭者皆非禮也若杜預之意以爲既祔以後宗廟得四時常祭三年大禘乃

同於吉故僖公三十三年凡君薨卒哭而祔祔而作主特祀於主烝嘗禘於廟杜注云新主既特祀於寢則宗廟四時常祀三年禮畢又大禘乃皆同於吉如杜之意與三年不祭違者按釋例云禮記後儒所作不正與春秋同是杜不盡用禮記也。注暴猶至饒也。正義曰暴是殘暴物被殘暴則虛耗故云暴猶耗也浩浩是多大之義故堯典云浩浩滔天故云浩猶饒也。雖有凶旱水溢民無菜色者凶旱謂凶荒遭旱也水溢謂水之汎溢凡水旱之歲歷運有常按律歷志云十九歲爲一章四章爲一部二十部爲一統三統爲一元則一元有四千五百六十歲初入元一百六歲有陽九謂旱九年次三百七十四歲陰九謂水九年以一百六歲并三百七十四歲爲四百八十歲注云六乘八之數次四百八十歲有陽九謂旱九年次七百二十歲陰七謂水七年次七百二十歲陽七謂旱七年又注云七百二十者九乘八之數次六百歲陰三謂水三年次六百歲陽五謂旱五年注云六百歲者以八乘八八八六十四又以七乘八八七八五十六相乘爲一千二百歲於易七八不變氣不通故合而數之各得六百歲次四百八十歲陰三次四百八十歲陽三從入元至陽三除去災歲總有四千五百六十年其災歲兩个陽九年一个陰九年一个陰陽各七年一箇陰陽各五年一个陰陽各三年災歲總有五十七年并前四千五百六十年通爲四千六百一十七歲此一元之氣終矣如律厤之言此是陰陽水旱之大數也所以正用七八九六相乘者以水數六火數七木數八金數九故以此交互相乘也以七八九六陰陽之數自然故有九年七年五年三年之災須三年六年九年之蓄也然災歲有陽七陰七陽五陰五此記直云三年六年九年之蓄不云七五者此各以其三相因故不言七五也舉六年則七年五年之蓄可知若貯積滿九年之後則腐壞當隨時給用也

天子七日而殯七月而葬諸侯五日而殯五月而葬大夫士庶人三日而殯三月而葬尊者舒卑者速春秋傳曰天子七月而葬同軌畢至諸侯五月同盟至大夫三月同位至士踰月外姻至

三年之喪自天子達下通庶人於父母同天子諸侯降期。期居宜反

庶人縣封葬不爲雨止不封不樹喪不貳事縣封當爲縣窆縣窆者至卑不得引紼下棺雖雨猶葬以其禮儀少封謂聚土爲墳不封之不樹之又爲至卑無飾也周禮曰以爵等爲丘封之度

與其樹數則士以上乃皆封樹貳之言二也庶人終喪無二事不使從政也喪大記曰大夫士既葬公政入於家既卒哭弁絰帶金革之事無辟也。縣封上音玄下音窆彼念反不爲于僞反注又爲同紼音弗上時掌反下大夫以上同倅音避

**自天子達於庶人喪從死者祭從生者支子不祭**從死者謂衣衾棺椁從生者謂奠祭之牲器〔疏〕天子至不祭。正義曰此一節明天子以下殯葬日月不同及衣衾牲器之數各依文解之。注尊者多至姻至。正義曰天子諸侯位既尊重送終禮物其數既多身在於喪許其申遂故日月緩也大夫及士禮數既卑送終之物其數簡少又職唯促遽義許奪情故日月促也必至三日者冀其更生三日不生亦不生矣所引春秋傳以下隱元年左氏文同軌者杜預云言同軌以别四夷之國謂中國諸侯車同軌轍盡皆來至同盟者杜預云同在方嶽之盟同位者杜預云古者行役不踰時諸侯以下不言畢至者有來有否不必盡來故不云畢按左傳大夫言三月士言踰月此總云大夫士三月而葬者此記者許以降二爲差故總云三月左傳細言其别故云大夫三月士踰月其實大夫三月者除死月爲三月士三月者數死月爲三月正是踰越一月故言

踰月耳按膏肓休以爲士禮三月而葬今左氏云踰月於義
左氏爲短玄箴之曰禮人君之喪殯葬皆數來月來日士殯
葬皆數往月往日尊卑相下之差數故大夫士俱三月其實
不同士之三月及大夫之踰月也鄭箴膏肓以正禮而言故
云人君殯葬數來月來日若春秋之時天子諸侯之葬皆數
死月故文八年八月天王崩九年二月葬襄王又成十八年
八月公薨十二月葬傳云書順也是皆數死月也故鄭又云
人君殯數來日葬數往月據春秋爲說其殯日之義已具在
上曲禮疏其諸侯奔喪按異義公羊說天王喪赴者至諸侯
哭雖有父母之喪越紼而行事葬畢乃還左氏說王喪赴者
至諸侯既哭問故遂服斬衰使上卿弔上卿會葬經書叔孫
得臣如京師葬襄王以爲得禮許愼謹按易下邳傳其容說
諸侯在千里內皆奔喪千里外不奔喪若同姓千里外猶奔
喪親親也容說爲近禮鄭駮之云天子於諸侯無服諸侯爲
天子斬衰三年尊卑有差按魯夫人成風薨王使榮叔歸含
且賵召伯來會葬傳曰禮也襄王崩叔孫得臣如周葬襄王
天子於魯既含且賵又會葬爲得禮則是魯於天子一大夫
會爲不得禮可知又左傳云鄭游吉云靈王之喪我先君簡
公在楚我先大夫印段實往敝邑之少卿也王吏不討恤所
無也豈非左氏諸侯奔天子之喪及會葬之明文說左氏者

云諸侯不得棄其所守奔喪自違其傳同姓雖千里外猶奔喪又與禮乖鄭之所駁從公羊之義又以左氏傳諸侯亦奔喪但說左氏者自違其傳云不奔喪又難許愼云千里外同姓猶奔喪與禮乖也此是鄭氏之意其諸侯自相奔喪禮按公羊說遣大夫弔君會其葬左氏說諸侯之喪士弔大夫會葬文襄之霸令大夫弔卿共葬事許愼謹按周禮無諸侯會葬義知不相會葬從左氏義鄭氏無駁與許同其諸侯夫人喪公羊說卿弔君自會葬左氏說諸侯夫人喪士弔士會葬文襄霸士弔大夫會葬叔弓如宋葬宋共姬上卿行過厚非禮許愼謹按公羊說同盟諸侯薨君會葬其夫人薨君又會葬是其不違國政而常在路公羊左氏說俱不別同姓異姓公羊言當會許以爲同姓也左氏云不當會據異姓也鄭駁之云按禮君與夫人尊同故聘禮卿聘君因聘夫人凶時會弔主於相哀愍略於相尊敬故使可降一等士弔大夫會葬禮之正也周禮諸侯之邦交歲相問也殷相聘也世相朝也無異姓同姓親疏之數云夫人喪士會葬說者致之非傳辭者鄭氏意引周禮無同姓異姓之別者破許愼云同姓則會異姓則不會鄭又云夫人喪士會葬說者致之非傳辭破異義左氏說夫人喪士弔士會葬之文也按左氏昭三年傳云君薨大夫弔夫人士弔無士會葬之文故云說者致之言士

會塟實非本傳之辭也則鄭氏以爲古者君薨士弔大夫會塟文襄之霸君薨大夫弔卿會塟其夫人之喪則古及文襄之時皆士弔大夫會塟故鄭云士弔大夫會塟禮之正。庶人至貳。庶人之喪賤無碑綍窆謂下棺縣繩下棺故云縣窆威儀既少日又促遽將塟之時不爲雨而止庶人既卑小不須顯異不積土爲封不標墓以樹若士以上負國恩重雖在喪中金革無辟庶人既無爵命更無殊禮三年之內許其終喪餘居喪之外不供他事故下云父母之喪三年不從政。注縣封至辟也。正義曰知縣封當爲縣窆者若封是封土無縣繫之理不得與縣相連故知爲窆也不直云封當爲窆而與縣相連者以經有兩封若不連縣言之恐與不封相涉故連縣言之也云不得引紼下棺者士雖無碑猶有二綍今庶人無紼唯以繩縣棺故云不得引紼下棺云雖雨猶塟以其禮儀少者按異義公羊說雨不克塟謂天子諸侯也卿大夫臣賤不能以雨止穀梁說塟既有曰不爲雨止左氏說卜塟先遠日辟不懷吾不汲汲塟其親不可行事廢禮不行庶人不爲雨止許慎謹按論語云死塟之以禮以雨而塟是不行禮穀梁說非也從公羊左氏之說鄭氏無駁與許同按釋廢疾云雖庶人塟爲雨止公羊說卿大夫臣賤不能以雨止此等之說則在廟未發之時庶人及卿大夫亦得爲雨止若其已發在路及葬則不爲雨止其人君在廟及在路及葬皆爲雨止云封謂聚土爲墳者以對上封爲窆故明之云封謂聚土爲墳云周禮曰以爵等爲丘封之度者是周禮冢人文既云爵等明有爵者乃有丘封周以士爲爵故云則士以上乃皆封樹是庶人不封樹彼注云王公曰丘諸臣曰封又引漢律曰列侯墳高四丈關內侯以下至庶人各有差又禮記云孔子合葬於防崇四尺鄭云蓋周之士制其樹數則無文按白虎通云天子松諸侯柏大夫栗士槐云貳之言二也者上貳是副貳之貳下二是二三之二喪不貳事者謂不爲兩事故讀從二三之二也引喪大記以下者證大夫士在喪有二事也○注從死至牲器○正義曰盧植解云從生者謂除服之後吉祭之時以子孫官祿祭其父祖故云從生者若喪中之祭虞祔練祥仍從死者之爵故小記云士祔於大夫則易牲又云其妻爲大夫而卒而后其夫不爲大夫而祔於其妻則不易牲又雜記云上大夫之虞也少牢卒哭成事祔皆大牢下大夫之虞也犆牲卒哭成事祔皆少牢是喪中之祭仍從死者之禮而鄭云謂奠祭之牲器云奠則是喪中之祭得從生者之爵與小記雜記違者小記雜記據死者子孫身無官爵生者又無可祭享故喪中之祭皆用死者之禮若其生者有爵則祭從生者之法喪祭尚爾喪後吉祭可知奠

謂葬前祭謂葬後包喪終吉祭也鄭必知祭兼喪祭與盧植別者以此云祭從生者喪從死者相對又中庸云父爲大夫子爲士葬以士祭以大夫又云父爲士子爲大夫葬以士祭以大夫祭又與葬相對皆祭與喪葬連文是一時之吉故祭中兼爲喪奠也或云在喪中祭尚從死者爵至吉祭乃用○生者祿耳故知盧解鄭言奠者自吉祭之奠及非時祭耳

天子七廟三昭三穆與大祖之廟而七此周制七者大祖及文王武王之祧與親廟四大祖后稷殷則六廟契及湯與二昭二穆夏則五廟無大祖禹與二昭二穆而已○祧他彫反契息列反諸侯五廟二昭二穆與大祖之廟而五大祖始封之君王者之後不爲始封之君廟大夫三廟一昭一穆與大祖之廟而三太祖別子始爵者大傳曰別子爲祖謂此雖非別子始爵者亦然士一廟謂諸侯之中士下士名曰官師者上士二廟庶人祭於寢寢適寢也○適丁歷反

疏 天子至於寢○正義曰此一節明天子以下立廟多少不同之事各隨文解之○注此周至而已○正義曰鄭

氏之意天子立七廟唯謂周也鄭必知然者按禮緯稽命徵
云唐虞五廟親廟四始祖廟一夏四廟至子孫五殷五廟至
子孫六鈎命決云唐堯五廟親廟四與始祖五禹四廟至子
孫五殷五廟至子孫六周六廟至子孫七鄭據此爲說故謂
七廟周制也周所以七者以文王武王受命其廟不毁以爲
二祧并始祖后稷及高祖以下親廟四故爲七也若王肅則
以爲天子七廟者謂高祖之父及高祖之祖廟爲二祧并始
祖及親廟四爲七故聖證論肅難鄭云周之文武受命之王
不遷之廟權禮所施非常廟之數殷之三宗宗其德而存其
廟亦不以爲數凡七廟者皆不稱周室禮器云有以多爲貴
者天子七廟孫卿云有天下者事七世又云自上以下降殺
以兩今使天子諸侯立廟並親廟四而止則君臣同制尊卑
不別禮名位不同禮亦異數況其君臣乎又祭法云王下祭
殤五及五世來孫則下及無親之孫而祭上不及無親之祖
不亦詭哉穀梁傳云天子七廟諸侯五家語云子羔問尊卑
立廟制孔子云禮天子立七廟諸侯立五廟大夫立三廟又
云遠廟爲祧有二祧焉又儒者難鄭云祭法遠廟爲祧鄭注
周禮云遷主所藏曰祧違經正文鄭又云先公之遷主藏於
后稷之廟先王之遷主藏於文武之廟便有三祧何得祭法
云有二祧難鄭之義凡有數條大略如此不能具載鄭必爲

天子七廟唯周制者馬昭難王義云按喪服小記王者立四廟又引禮緯夏無大祖宗禹而已則五廟殷人祖契而宗湯則六廟周尊后稷宗文王武王則七廟自夏及周少不減五多不過七禮器云周旅酬六尸一人發爵則周七尸七廟明矣今使文武不在七數既不同祭又不享嘗豈禮也哉故漢侍中盧植說文云二祧謂文武曾子問當七廟無虛主禮器天子七廟堂七尺王制七廟盧植云皆據周言也穀梁傳天子七廟尹更始說天子七廟據周也漢書韋玄成四十八人議皆云周以后稷始封文武受命石渠論白虎通云周以后稷文武特七廟又張融謹按周禮守祧職奄八人女祧每廟二人自太祖以下與文武及親廟四用七人姜嫄用一人適盡若除文武則奄少二人曾子問孔子說周事而云七廟無虛主若王肅數高祖之父高祖之祖廟與文武而九主當有九孔子何云七廟無虛主乎故云以周禮孔子之言爲本穀梁說及小記爲枝葉韋玄成石渠論白虎通爲證驗七廟斥言玄說爲長是融申鄭之意且天子七廟者有其人則七無其人則五若諸侯廟制雖有其人不得過五則此天子諸侯七五之異也王肅云君臣同制尊卑不別其義非也又王下祭殤五者非是別立殤廟七廟外親盡之祖禘祫猶當祀之而王肅云下祭無親之孫上不及無親之祖又非通論且家

語云先儒以爲肅之所作未足可依按周禮惟存后稷之廟不毁按昭七年傳云余敢忘高圉亞圉注云周人不毁其廟報祭之似高圉亞圉廟亦不毁者此是不合鄭說故馬融說云周人所報而不立廟○注大祖至君廟○正義曰凡始封之君謂王之子弟封爲諸侯爲後世之大祖當此君之身不得立出王之廟則全無廟也故諸侯不敢祖天子若有大功德王特命立之則可若魯有文王之廟鄭祖厲王是也魯非但得立文王之廟又立姜嫄之廟及魯公文公之廟并周公及親廟除文王廟外猶八廟也此皆有功德特賜非禮之正此始封君之子得立一廟始封六世之孫始五廟備也若異姓始封如大公之屬初封則得立五廟從諸侯禮也云王者之後不爲始封之君廟者以其始封之君非有功德惟因先代之後以封之不得爲後世之大祖得立此君所出王者之廟必知然者以經傳無文云微子爲宋之始祖故也而左傳云宋祖帝乙是也若二王之後郊天之時則得以遠代之祖配天而祭故禮運云杞之郊也禹也宋之郊也契也○注大祖至亦然○正義曰此據諸侯之子始爲卿大夫謂之別子者也是嫡夫人之次子或衆妾之子別異於正君繼父言之故云別子引大傳者證此大祖是別子也云雖非別子始爵者亦然者此事凡有數條一是別子初雖身爲大夫中間廢

退至其遠世子孫始得爵命者則以爲大祖別子不得爲大
祖也二是別子及子孫不得爵命者後世始得爵命自得爲
大祖三是全非諸侯子孫異姓爲大夫者及它國之臣初來
任爲大夫者亦得爲大祖故云雖非別子始爵者亦然此揔
包上三事如鄭志荅趙商此王制所論皆殷制故云雖非別
子亦得立大祖之廟若其周制別子始爵其後得立別子爲
大祖若非別子之後雖爲大夫但立父祖曾祖三廟而已隨
時而遷不得立始爵者爲大祖故鄭荅趙商問祭法云大夫
立三廟曰考廟曰王考廟曰皇考廟注非別子故知祖考無廟商按王
制大夫三廟一昭一穆與大祖之廟而三注云大祖別子始
爵者雖非別子始爵者亦然二者不知所定鄭荅云祭法周
禮王制之云或以夏殷雜不合周制是鄭以爲殷周之別也
鄭必知周制別子之後得立別子爲大祖者以大傳云別子
爲祖繫之以姓而弗別綴之以食而弗殊雖百世而昏姻不
通者周道然也故知別子百世不遷爲大祖也周既如此明
殷不繫姓不綴食大傳又云其庶姓別於上而戚單於下五
世而昏姻可以通明五世之後不復繼以別子但始爵者則
得爲大祖也此大夫三廟者天子諸侯之大夫皆同知者以
此及祭法歷陳天子諸侯即云大夫更不別云諸侯之大夫
故知與天子大夫同也卿即大夫揔號故春秋殺卿經皆揔

號大夫其三公即與諸侯同若附庸之君亦五廟故莊三年公羊傳云紀季以酅入于齊傳曰請後五廟以存姑姊妹又附庸得稱朝是與諸侯同○廟謂諸至二廟○正義曰按祭法云適士二廟今此云士一廟故知是諸侯之中士下士祭法云官師一廟故云名曰官師者鄭既云諸侯之中士下士一廟則天子之中士下士皆二廟也必知皆二廟者以其揔稱元士故昏義云八十一元士是不分別上下也鄭又知諸侯中士與下士同一廟者以祭法云適士二廟言適士則不得兼中下也○注寢適寢也○正義曰此庶人祭寢謂是庶人在官府史之屬及尋常庶人此祭謂薦物以其無廟故惟薦而已薦獻不可褻處故知適寢也

○天子諸侯宗廟之祭春曰礿夏曰禘秋曰嘗冬曰烝此蓋夏殷之祭名周則改之春曰祠夏曰礿以禘爲殷祭詩小雅曰礿祠烝嘗于公先王此周四時祭宗廟之名○礿余若反夏戶嫁反注夏曰礿夏祭曰下云夏薦同禘大計反烝之承反祠音詞天子祭天地諸侯祭社稷大夫祭五祀五祀謂司命也中霤也門也行也厲也此祭謂大夫有地者其無地祭三耳○霤力救反天

子祭天下名山大川五嶽視三公四瀆視諸侯視視其牲器之數諸侯祭名山大川之在其地者魯人祭泰山晉人祭河是也

疏天子至地者。正義曰此一節論夏殷天子諸侯大夫四時祭宗廟及祭天地山川之事各隨文解之。春曰礿者皇氏云礿薄也春物未成其祭品鮮薄也孫炎云礿者新菜可礿。夏曰禘者皇氏云禘者次第也夏時物雖未成宜依時次第而祭之。秋曰嘗者白虎通云嘗者新穀熟而嘗之。冬曰烝者烝者衆也冬之時物成者衆孫炎云烝進也進品物也。注此蓋至之名。正義曰疑爲夏殷祭名者以其祭名與周不同故以爲夏殷祭名其夏殷之祭又無文故稱蓋以疑之此云春礿而郊特牲云春禘者鄭彼注云禘當爲禴從此爲正祭義曰春禘鄭注直云夏殷禮不改禘字者以郊特牲已改禘爲禴故於祭義略之從可知也云周則改之春曰祠夏曰礿者按宗伯云以祠春享先王以禴夏享先王又知周以禘爲殷祭者按公羊傳曰五年而再殷祭又春秋經僖八年秋七月禘于大廟是禘爲殷祭殷猶大也謂五年一大祭引詩小雅者是文王之詩天保之篇謂文王受命已改殷之祭名以夏祭之禘

改名曰祔而詩先言祔後祠者從便文嘗在烝下以韵句也
于公諸盩至不窋也先王謂后稷大王王季也○注五祀至
三耳○正義曰知五祀是司命中霤門行厲者按祭法云王
立七祀曰司命曰中霤曰國門曰國行曰泰厲曰戸曰竈諸
侯五祀無戸竈自外與天子同明大夫五祀與諸侯同明知
是司命中霤門行厲也云此祭謂大夫有地者以其祭五祀
與諸侯同故知大夫有采地者云其無地祭三耳者以祭法
云大夫立三祀曰族厲曰門曰行也鄭意以此及祭法俱是
周禮有地者祭五無地者祭三按下曲禮大夫祭五祀謂戸
竈中霤門行以爲殷禮此大夫五祀爲有地大夫五祀之神
又別者以曲禮天子諸侯大夫皆祭五祀更無等差故以月
令五祀當之揔爲殷禮此文天子云祭天地諸侯云祭社稷
大夫云祭五祀既別爲尊卑之差故以周法解之○注視視
至之數○正義曰按夏傳云五嶽視三公四瀆視諸侯其餘
山川視伯小者視子男鄭注云謂其牲幣粢盛籩豆爵獻之
數非謂尊卑按周禮上公饔餼九牢飧五牢饗禮九獻豆四
十侯伯饔餼七牢飧四牢饗禮七獻豆三十有二子男饔餼
五牢飧三牢饗禮五獻豆二十有四又五等諸侯膳皆大牢
祭亦大牢籩豆皆十有二祭四望山川用毳冕鄭注禮器五獻
察謂祭四望山川也又侯伯無別三公與子男同今此王制

云五嶽視三公四瀆視諸侯則三公尊於諸侯夏傳云四瀆視諸侯其餘山川視伯小者視子男是伯與侯別今鄭注此視視其牲器又注夏傳謂其牲幣粢盛籩豆爵獻之數參驗上下並與周禮不同不可強解合之爲一此王制所陳多論夏殷之制夏傳所說又非周代之禮鄭之所注者當據異代法也此經云四瀆視諸侯夏傳視諸侯之下云其餘山川視伯小者視子男則此諸侯謂是侯爵者不得摠爲五等諸侯○注魯人至是也○正義曰知魯人祭泰山者以論語云季氏旅於泰山明魯君祭泰山季氏僭之也又公羊云三望祭泰山河海是魯祭泰山但泰山是齊魯之界故齊亦祭之是以禮器云齊人將有事於泰山必先有事於配林禮器又云晉人將有事於河必先有事於惡池是晉人祭河也○

天子諸侯祭因國之在其地而無主後者所謂因之國先王先公有功德宜享世祀今絕無後爲之祭主者昔夏后氏郊鯀至杞爲夏後而更郊禹晉侯夢黃熊入國而祀夏郊此其禮也○鯀古本反能乃登反一本又作熊音雄〔疏〕天子至後者○正義曰此一節論天子置都之所及諸侯所封之內皆因古昔先王先公所居之地今其地子孫絕滅而無主後者則天子諸侯祭此先王先公故云祭

因國之在其地而無主後者若天子因先公之後亦祭先公若諸侯因先王之後亦祭先王先公皆謂有德宜世祀者○注昔夏至禮也○正義曰按祭法夏后氏亦禘黄帝而郊鯀是夏郊鯀云至杞爲夏後而更郊禹者按禮運云杞之郊也禹也是杞郊禹也殷滅夏之時殷則不應郊鯀必應封夏之後但不知名杞以否至周封夏後於杞據禮運成文故云杞更郊禹也不廢殷時夏後已郊禹也云晉侯夢黄熊入國而祀夏郊者按昭七年晉侯有疾夢黄熊入於寢門于時子產聘晉韓宣子問子產其何厲鬼子產曰昔堯殛鯀于羽山其神化爲黄熊以入于羽淵實爲夏郊三代祀之晉爲盟主其或者未之祀也韓子祀夏郊晉侯有間如傳所云夏后之時郊祭鯀以配天至殷周之時鯀雖不配天以其有功烈於羣祀故云三代祀之但春秋之時周衰禮廢不能祀鯀晉既爲盟主當代天子祭羣神羣祀傳之意義謂晉當代天子攝羣神之祀不謂因此國在地無主後者今鄭引之以證祭無主後則謂鯀是夏家之先晉居夏之舊地鯀無主後故晉祀之禮之與傳意少異然夏後有杞而云無主後者以杞不祭鯀故云無主後也其黄熊之言稱入羽淵按爾雅鼈三足能先師或以爲黄熊義或然也

○天子犆礿祫禘祫嘗祫烝犆猶一也

祫合也天子諸侯之喪畢合先君之主於祖廟而祭之謂之祫祫後因以爲常天子先祫而後時祭諸侯先時祭而後祫凡祫之歲春一礿而已不祫以物無成者不殷祭周改夏祭曰礿以禘爲殷祭也魯禮三年喪畢而祫於大祖明年春禘於羣廟自爾之後五年而再殷祭

**諸侯礿則不禘禘則**一祫一禘○犆音特祫音洽**不嘗嘗則不烝烝則不礿**虞夏之制諸侯歲朝廢一時祭○朝直遥反**諸侯礿犆**互明犆礿文○互音戸又戸故反**禘一犆一祫**下天子也祫歲不禘○下戸嫁反**嘗祫烝祫**〔疏〕天子至烝祫○正義曰此一節論夏殷天子諸侯大祭及時祭之事各隨文解之○天子之祭當祫之歲以春物未成不爲祫祭惟犆爲時祭之礿故云犆礿夏秋冬之時先爲祫祭後爲時祭故云祫禘祫嘗祫烝○注天子至一禘○正義曰按文二年八月丁卯大事于大廟公羊傳云大事者何大祫也按僖公三十三年十二月薨至文二年八月二十一月於禮少四月未得喪畢是喪畢當祫諸侯既爾明天子亦然故云天子諸侯之喪畢合先君之主於祖廟而祭之謂之祫云後用以爲常者按禮緯三年一祫五年一禘故知每三年爲一

祫祭是後因以爲常云天子先祫而後時祭者以經云祫禘
祫嘗祫烝天子位尊故先爲大禮也云諸侯先時祭而後祫
者以下文云諸侯嘗祫烝祫諸侯位卑取其漸備故先小禮
後大禮此等皆因已前之制但不知幾年一祫禮緯云三年
一祫五年一禘鄭云百王通義則虞夏及殷皆與周同祫亦
三年爲一也皇氏取先儒之義以爲虞夏祫祭每年皆爲又
云三時祫者謂是秋冬或一時得祫則爲之不三時俱祫然
按鄭云三年一祫五年一禘百王通義鄭又注此云春一礿
而已不祫以物無成者不殷祭又禘祫志云王制記先王之
法祫爲大祭祫於秋於夏於冬周公制禮祭不欲數如鄭此
言則夏殷三時俱殷祭皇氏之說也。云魯禮三年喪畢而祫
於大祖者僖公以三十三年十二月薨文二年八月大事于
大廟於禮少四月文公應合二年十二月而祫大祖廟也是
新君即位之二年而云三年喪畢者通死君之年爲三年云
明年春禘於羣廟者以僖公八年禘于大廟宣公八年辛巳
有事于大廟有事禘也爲仲遂卒略言有事僖也宣也皆八
年禘既五年一禘則後禘去前禘五年也前禘當三年今二
年而祫故云明年春禘於羣廟按閔二年五月吉禘于莊公
昭十五年禘于武宮昭二十五年將禘於襄公禘皆各就廟
爲之故云羣廟云自爾之後五年而再殷祭者公羊傳文云

自爾者謂自三年禘羣廟之後每五年之內再爲殷祭故鄭禘祫志云閔公之喪僖三年禘僖六年祫僖八年禘凡三年喪畢新君二年爲祫新君三年爲禘皆祫在禘前閔公二年五月吉禘于莊公則祫當在吉禘之前故禘祫志云四月祫五月禘不識祫者慶父作亂國家多難故莊公既葬經不入庫門閔公早厭其亂故四月祫不識五月即禘比月而爲大祭又於禮少四月故書譏其速也鄭禘祫志云魯莊三十二年八月公薨閔二年五月吉禘時慶父殺子般之後公懼於難不得時葬葬則去首經於門外乃入務自尊成以厭其禍若已練然免喪又速二年四月夏則祫既祫又即以五月禘於其廟比月大祭故譏其速也閔公之服凡二十一月於禮少四月又不禫云吉禘譏其無恩也閔公以二年八月薨僖二年除喪始祫大廟明年禘於羣廟自此而後五年再殷祭六年祫故八年禘僖公以三十三年十二月薨至文二年七月間有閏積二十一月明月即祫經云八月丁卯大事于大廟躋僖公於文公之服亦少四月以其逆祀故特譏之文公十八年二月薨宣二年除喪而祫三年禘於羣廟自此之後亦五年再殷祭與僖同六年祫故八年禘昭十一年五月夫人齊歸薨十三年平丘之會歸不及祫冬公如晉昭十四年春歸乃祫故十五年春乃禘經云二月癸酉有事于武宮至

十八年祫二十年禘二十三年祫昭二十五年禘于襄公也
此是鄭論魯之禘祫鄭又云明堂位曰魯王禮也以此相推
兄可知是鄭以天子之禮與魯同也按穀梁傳以年數者不
數閏而鄭數莊公及僖公之喪皆云通閏二十一月者鄭欲
盛言日月闕少假令通閏止有二十一月耳鄭於禘祫志除
莊公之喪少四月而荅趙商云於禮少六月者通禫月言之
也哀姜之喪僖三年乃除僖二年得除閔公喪而祫者以是
喪祭雖在前喪之內亦得爲後喪之祭故雜記云三年之喪
則既穎其練祥皆行是也此云三年喪畢祫於太祖廟明年
春禘於羣廟按玄鳥箋云三年既畢禘於其廟而後祫祭於
太祖更有禘於其廟之文不同者謂練時遷主遞廟新死者
當禘祭於其廟以安之故邑人云廟用脩注云謂始禘時左
氏說禘謂既期之後然則禘於其廟在於練時而玄鳥箋云
喪三年既畢禘於其廟者鄭將練禘總就喪畢祫於太祖而
言之其實禘廟在練時也熊氏一說謂三年除喪特禘新死
者於廟未知然否其禘祫大小鄭以公羊傳云大事者何大
祫也毀廟之主陳于太祖未毀廟之主皆升合食于太祖故
爲大事若王肅張融孔晁皆以禘爲大祫爲小故王肅論引
賈逵說吉禘於莊公禘者遞也審遞。昭穆遷主遞位孫居王
父之處又引禘於太廟逸禮其昭尸穆尸其祝辭總稱孝子

孝孫則是父子並列逸禮又云皆升合於其祖所以劉歆賈
逵鄭衆馬融等皆以爲然鄭不從者以公羊傳爲正逸禮不
可用也又曾子問云七廟五廟無虛主虛主者惟天子崩與
祫祭祝取羣廟之主明禘祭不取羣廟之主可知爾雅云禘
大祭也謂比四時爲大也故孫炎等注爾雅云皆以禘爲五
年一大祭若左氏說及杜元凱皆以禘爲三年一大祭在大
祖之廟傳無祫文然則祫即禘也取其序昭穆謂之禘取其
合集羣祖謂之祫鄭康成祫禘及四時祭所以異者此祫謂
祭於始祖之廟毀廟之主及未毀廟之主皆在始祖廟中始
祖之主於西方東面始祖之子爲昭北方南面始祖之孫爲
穆南方北面自此以下皆然從西爲上禘則太王王季以上
遷主祭於后稷之廟其坐位乃與祫相似其文武以下遷主
若穆之遷主祭於文王之廟文王東面穆主皆北面無昭主
若昭之遷主祭於武王之廟武王東面其昭主皆南面無穆
主又祭親廟四其四時之祭惟后稷文武及親四廟也○諸
侯至不礿○礿則不禘者虞夏之制歲朝皆闕一時之祭也
此從南方始也南方諸侯有礿祭竟夏來朝故闕夏禘故云
礿則不禘也○禘則不嘗此西方諸侯秋來朝也行夏祭竟
而秋來朝故不嘗也○嘗則不烝此北方諸侯冬來朝者也
行秋祭竟而冬來朝故廢烝也烝則不礿此東方諸侯春來

朝者也行冬祭竟而春來朝故廢礿也然各廢一時耳餘三時皆祭也今不從東方始而從南方始者欲舉春礿得祭者爲始故也○注虞夏至祭時○正義曰此云虞夏之制者雜明諸代不專殷又此春礿而注云夏殷則知夏殷春祭俱名礿也○諸侯至烝祫○諸侯降於天子故礿在禘上也然見先時祭故礿在禘上○禘一禘一祫者言諸侯當在夏祭一禘之時不爲禘祭惟禘一祫而已闕時祭也不云一禘而云禘一者禘在礿前與礿在禘前其義同皆見先時祭也○嘗祫烝祫者謂諸侯先作時祭烝嘗然後爲大祭之祫故云嘗祫烝祫鄭既云諸侯祫歲不禘是諸侯當祫之歲法不作禘而皇氏云諸侯夏時若祫則不禘若禘則不祫故違鄭注其義非也

○天子社稷皆大牢諸侯社稷皆少牢大夫士宗廟之祭有田則祭無田則薦有田者既祭又薦新祭以首時薦以仲月士薦牲用特豚大夫以上用羔所謂羔豚而祭百官皆足詩曰四之日其早獻羔祭韭○大牢如字又音泰少詩照反日人一反庶人春薦韭夏薦麥秋薦黍冬薦稻韭以卵麥以魚黍

以豚稻以鴈庶人無常牲取與新物相宜而已○稻音滔卯力管反祭天地之牛角繭栗宗廟之牛角握賓客之牛角尺握謂長不出膚○繭字又作蠒公典反握厄角反長丁丈反膚方于反諸侯無故不殺牛大夫無故不殺羊士無故不殺犬豕庶人無故不食珍故謂祭饗〔疏〕天子至食珍○正義曰此一節論天子諸侯祭用牲牢及庶人所薦之物各隨文解之○注有田者既祭至祭韭○正義曰知有田既祭又薦新者以月令天子祭廟又有薦新故月令四月以彘嘗麥先薦寢廟又士喪禮有薦新如朔奠謂有地之士大斂小斂以特牲而云薦新故知既祭又薦新也云祭以首時薦以仲月者晏子春秋云天子以下至士皆祭以首時故禮記明堂位云季夏六月以禘禮祀周公於大廟周六月是夏四月也又雜記云七月而禘獻子爲之也譏其用七月明當用六月是也魯以孟月爲祭魯王禮也則天子亦然大夫士無文從可知也其周禮四仲祭者因田獵而獻禽非正祭也服虔注桓公五年傳云魯祭天以孟月祭宗廟以仲月非鄭云云。

也此薦以仲月謂大夫士也既以首時祭故薦用仲月若天子諸侯禮尊物熟則薦之不限孟仲季故月令孟夏薦麥孟秋薦黍季秋薦稻是也大夫既薦以仲月而服虔注昭元年傳祭人君用孟月人臣用仲月不同者非鄭義也南師解云祭以首時者謂大夫士也若得祭天者祭天以孟月祭宗廟以仲月其禘祭祫祭時祭亦用孟月其餘諸侯不得祭天者大祭及時祭皆用孟月既無明據未知孰是義得兩通故並存焉按春秋淵聖御名八年正月己卯烝夏五月丁丑烝書者左氏見其瀆淵聖御名十四年八月乙亥嘗書以御廩災左氏公羊以爲不應嘗僖八年七月禘鄭以爲公會王人于洮故歸七月乃禘昭十五年二月禘于武宮者鄭禘祫志以十一年齊歸薨十五年喪終之禘不擇月定公八年冬十月順祀先公以陽虎作亂求福先公特爲此祭故不用常月此等皆不用孟月者以春秋亂世不能如禮故參差不一難以禮論也云士薦牲用特豚者按儀禮特牲是有地之士用特牲今無地之士薦宜貶降不用成牲故用特豚云大夫以上用羔者以諸侯大夫有地祭者用少牢其無地薦者則用羔也言以上則包天子皆用羔也雖用羔天子諸侯亦用餘牲不皆用羔故月令以彘嘗麥以犬嘗麻云所謂羔豚而祭百官皆足者所謂是禮器文士薦而云百官者皆舉大夫以上而

言士之屬吏以衆言之亦曰百官故任厥問云天官司裘注云士不大射士無臣祭無所擇此云百官皆足則有臣矣汜問○荅曰此上下兼說之耳士雖無臣猶有屬官佐祭特牲饋食云公有司私臣皆殽脀百官皆足抑謂此也引詩曰者是豳風七月之篇也云四之日謂周之四月夏之二月其朔旦之時獻羔祭用韭薦於廟引之者證薦用羔之義○注新物相宜○正義曰言相宜者謂四時之間有此牲穀兩物俱有故云相宜非謂氣味相宜其相宜者若牛宜稌羊宜黍之屬是也○注握謂長不出膚○正義曰公羊傳曰膚寸而合鄭注投壺禮云四指曰扶扶則膚也○注故謂祭饗○正義曰按膳夫王月日一舉鼎十有二物謂大牢也是周公制禮天子日食大牢則諸侯日食少牢大夫日食特牲士日食特豚至後世衰亂玉藻云天子食日少牢朔月大牢諸侯食日特牲朔月少牢則知大夫食日特豚朔月特牲士日食無文朔月特豚故內則曰見子具視朔食注云天子大牢諸侯少牢大夫特豕士特豚是常食有限不得踰越故知謂祭也。謂諸侯祭以大牢得殺牛諸侯之大夫祭以少牢得殺羊天子大夫祭亦得殺牛其諸侯及大夫饗食賓得用牛也故大行人掌客諸侯待賓皆用牛也公食大夫禮大夫食賓禮亦用牛也故云謂祭饗也

○庶羞不踰牲

祭以羊則不以牛肉爲羞燕衣不踰祭服寢不踰廟疏注祭以至爲羞○正義曰按有司徹是少牢之祭云宰夫羞房中之羞注酏食糝食內則云糝取牛羊豕之肉得用牛者祭既用少牢則糝亦不用牛肉以羊肉爲羞○古者公田藉而不稅藉之言借也借民力治公田美惡取於此不稅民之所自治也孟子曰夏后氏五十而貢殷人七十而助周人百畝而徹則所云古者謂殷時○燕伊見反藉在亦反稅式贅反借子夜反市廛而不稅廛市物邸舍稅其舍不稅其物○廛直連反邸丁禮反關譏而不征譏譏異服識異言征亦稅也周禮國凶札則無門關之征猶譏也○譏居宜反征本又作正音同注下皆同札側八反又音截林麓川澤以時入而不禁麓山足也○麓音鹿夫圭田無征夫猶治也征稅也孟子曰卿以下必有圭田治圭田者不稅所以厚賢也此則周禮之士田以任近郊之地稅什一○圭音珪疏古者至無征○正義曰此一節論古者公田不稅及關市圭田無征之事各隨文解之○自古者以下至夫圭田無征並非周法故云古者其藉而不稅

正謂殷時市廛而不稅以下或兼虞夏殷以言之○公田藉而不稅者謂民田之外別作公田一井之中凡有九夫中央一夫以爲公田藉之言借也惟借八家之力以治此公田美惡取於此而不稅民之私田○市廛而不稅者廛謂公家邸舍使商人停物於中直稅其所舍之處價不稅其在市所賣之物市內空地曰廛城內空地曰肆○關譏而不征者征稅也關竟上門也譏謂呵察公家但呵察非違不稅行人之物此夏殷法周則有關門之征但不知稅之輕重若凶年則無稅也猶須譏禁禁謂防遏○林麓川澤以時入而不禁者以時入者獺祭魚然後虞人入澤梁謂民庶須有采取隨時而入官不限禁之○夫圭田無征者夫猶治也畿內無公田故有圭田鄉大夫士皆以治此圭田公家不稅其物故云無征必云圭圭者圭絜白也言鄉大夫德行絜白乃與之田此殷禮也殷政寬緩厚重賢人故不稅之周則兼通士稅之故注云周官之士田以任近郊之地稅什一○注藉之至殷時○正義曰治公田美惡取於此不稅民之所自治也者按宣十五年初稅畝傳云非禮謂稅民所自治爲非禮明依禮惟取公田之物故云美惡取於此引孟子者證三代稅法不同按孟子滕文公問爲國於孟子孟子對曰夏后氏五十而貢殷人七十而助周人百畝而徹其實皆什一劉氏及皇氏皆云夏

時民多家得五十畝而貢五畝殷時民稍稀家得七十畝而
助七畝周時其民至稀家得百畝而徹十畝故云其實皆什
一而云夏時人衆殷世人稀又十口之家惟得五十畝之地
皆不近人情未知可否熊氏一說以爲夏政寬簡一夫之地
惟稅五十畝殷政稍急一夫之地稅七十畝周政極煩一夫
之地稅皆通稅所稅之中皆十而稅一故云其實皆什一此
則計田雖不得什一理稍可通既古意難知故彼此俱載又
鄭注匠人云貢者自治其所受田貢其稅穀助者借民之力
以治公田又使收斂焉夏則有貢無助殷則有助無貢鄭注
匠人又云以載師職及司馬法論之周制畿內用夏之貢法
稅夫無公田以詩春秋論語孟子論之周制邦國用殷之助
法制公田不稅夫此三代所以別也云古者謂殷時者以春
秋宣十五年云穀出不過藉藉謂借民力也此經亦云藉皆
謂借民力也助官治田與殷七十而助相當故云古謂殷時
鄭知周之畿內用夏貢法者按載師云以廛里任國中之地
以場圃任園地以宅田士田賈田任近郊之地以官田牛田
賞田牧田任遠郊之地以公邑之田任甸地以家邑之田任
稍地以小都之田任縣地以大都之田任畺地鄭注云廛里
邑居里矣廛民居之區域也宅田致仕者之家所受田也仕
田自卿以下所受圭田也賈田在市賈人其家所受田也官

田庶人在官者其家所受田也牛田牧田畜牧者之家所受
田賞田者賞賜之田公邑謂六遂餘地天子使大夫治之家
邑大夫之采地小都卿之采地大都公之采地載師又云國
廛二十而一近郊十一遠郊二十而三甸稍縣都皆無過十
二又司馬云井十爲通通爲匹馬三十家士一人徒二人通
十爲成成百井三百家革車一乘士十人徒二十人計一成
百井井有九家百井即九百家而云一成三百家者以此一田
上中下除宮室塗巷三分之一自餘通率一家受二夫故一
成爲三百家是一井九家爲定無公田也故鄭云以載師職
及司馬法論之周制畿內用夏之貢法不稅夫者謂鄉遂及
公邑若采地即爲井田稅夫與畿外同邦畿外用助法者按
詩小雅雨我公田遂及我私春秋宣十五年云初稅畝傳云
穀出不過藉論語云盍徹乎孟子云方里而井井九百畝其
中爲公田八家皆私百畝是皆論公田之事故鄭云以詩春
秋論語孟子論之周制邦國用殷之助法制公田不稅夫然
畿外諸侯雖立公田其實諸侯郊外亦用貢法故孟子云野
九夫之田而稅一即九一而助國中什一使自賦故鄭云邦
國亦異外內耳但郊內地少郊外地多從多言之故云畿外
制公田不稅夫也凡賦法無過十一故孟子云輕於十一大
貉小貉重於十一大桀小桀十一而稅堯舜之道但周之畿

内有參差皆不同而言之十一若畿外先儒約孟子樂緯皆九夫為井八家共治公田八十畝已外二十畝以為八家井竈廬舍是百畝之外別助是十外稅一郊外既十外稅一郊内亦十外稅一假令治一夫之田得百一十碩粟而貢十一碩是亦十外稅一也劉氏以為匠人注引孟子野九夫而稅一國中什一諸侯謂之徹者通其率以十一為正則謂野九夫之田而稅一國中十一夫之田而稅一是二十夫之田中而稅二計地言之是十中稅一若計夫實稅猶十外稅一與先儒同也但不知諸侯郊内十夫受十一夫之地若為周制耳或畿外地寬也一夫受百一十畝之地與畿内異也○注周禮至譏也○正義曰引周禮者證凶荒之時雖無征稅猶須譏禁禁謂防過為重其殷則雖無凶荒縱不賦稅猶須譏禁與周凶荒時同則門關有稅但不知稅之輕重○注麓山足○正義曰按僖十四年沙鹿崩穀梁傳云林屬於山為鹿鹿山足也按鄭注大司徒云竹木曰林注瀆曰川水鍾曰澤林麓山澤之異也○注征稅至什一○正義曰載師云漆林之征二十而五又云凡任地國宅無征是正謂稅也引孟子書者證卿以下有圭田謂之圭者圭絜也言德行絜白也而與之田殷所不稅者殷政寬厚重賢人周則稅之故鄭云此○用即周禮之士田以任近郊之地稅什一者載師文也

民之力歲不過三日治宮室城郭道渠〔疏〕正義曰此一經前明以殷法此則兼通周禮三日謂使民治城郭道渠年歲雖豐不得過三日自下皆然按周禮均人云豐年旬用三日中年旬用二日無年旬用一日年歲不同雖豐不得過三日○田里不粥墓地不請皆受於公民不得私也粥賣也請求也〔疏〕田里至不請○正義曰田地里邑旣受之於公民不得粥賣冢墓之地公家所給族葬有常不得輒請求餘處○司空執度度地司空冬官卿掌邦事者度丈尺也○度度上如字下大洛反量也居民山川沮澤時四時觀寒煖燥濕沮謂萊沛○沮將慮反沮沮如也煖乃管反又況表反下文同萊音來何胤云草所生曰萊庾云草也沛蒲具反何胤云水所生曰沛何休注公羊傳云草棘曰沛量地遠近制邑井之處○處昌慮反興事任力事謂築邑廬宿市也○任而鴆反築音竹凡使民任老者之事食壯者之食寬其力饒其食○食壯音嗣只如字下側狀反〔疏〕司空至之食○正義曰此一節論司空居民并

任以事食之事言司空執度度地者謂司空執丈尺之度以量度於地居處於民觀山川高下之宜沮澤浸潤之處又必以時候此四時知其寒煖○注觀寒至萊沛○正義曰言觀寒煖解四時燥濕解山川沮澤燥謂山也濕謂川與沮澤謂萊沛者何胤云沮澤下濕地也草所生爲萊水所生爲沛言沮地是有水草之處也○注制邑井之處○正義曰按小司徒云九夫爲井四井爲邑爲邑之處謂平原之地衍沃之所堪造邑井即左傳所謂井衍沃也若山林藪澤則不堪邑井也○注事謂至市也○正義曰上云用民之力惟三日而已故注云治宮室城郭道渠此言興事言興則用力難重故云事謂築邑築邑則築城也又築廬之與宿及市按遺人云凡國野之道十里有廬三十里有宿五十里有市是也○凡使民任老者之事食壯者之食者○凡國家爲役之法老少功程不同老則功少壯則功多今使民之時雖役壯者限以老者之功程故曰任老者之事凡廩餼牲體壯者食多老者食少雖老者給以壯者之料故食壯者之食壯者從老者之功故注云寬其力老給壯糧故云饒其食

○凡居民材必因天地寒煖燥濕使其材藝堪地氣也○燥素老反廣谷大川異制謂其形象民生

其閒者異俗謂其所好惡○好惡上呼報反下烏路反剛柔輕重遲速異齊謂其情性緩急○齊才細反緩戶管反五味異和謂香臭與鹹苦○和胡臥反下同臭尺救反器械異制謂作務之用○械戶戒反何休注公羊云攻守之器曰械鄭注大傳云禮樂之器及兵甲也郭璞三蒼解詁云械器之摠名衣服異宜謂旃裘與絺綌○旃裘上之然反下音求絺初宜反綌去逆反脩其教不易其俗齊其政不易其宜教謂禮義政謂刑禁中國戎夷五方之民皆有性也不可推移地氣使之然東方曰夷被髮文身有不火食者矣南方曰蠻雕題交趾有不火食者矣雕文謂刻其肌以丹青涅之交趾足相鄉然浴則同川臥則僢不火食地氣煖不爲病○被皮義反下同雕本又作彫同彫刻鏤也題大兮反趾音止刻音克肌音飢涅乃結反相鄉許亮反僢昌戀反西方曰戎

被髮衣皮有不粒食者矣北方曰狄衣羽毛穴居有不粒食者矣不粒食地氣寒少五穀。衣於既反下同粒音立。中國夷蠻戎狄皆有安居和味宜服利用備器其事雖異各自足五方之民言語不通嗜欲不同達其志通其欲東方曰寄南方曰象西方曰狄鞮北方曰譯皆俗間之名依其事類耳鞮之言知也今冀部有言狄鞮者。嗜欲市志反寄京義反鞮丁兮反譯音亦間如字又間廁之間【疏】凡居至曰譯。正義曰此一節論中國及四夷居處言語衣服飲食不同之事各隨文解之。凡居民材必因天地寒煖燥濕者材謂氣性材藝言五方之人其能各殊五者居處各須順其性氣材藝使堪其地氣故盧植云能寒者使居寒能暑者使居暑即其義也。注情性緩急。正義曰性謂稟性自然故孝經說云性者生之質若木性則仁金性則義火性則禮水性則信土性則知中庸云天命之謂性是賦命自然情者既有識

知心有好惡

輕重遲速者耳自然而性遷故有喜怒哀樂好惡此經云剛柔

性連言所言情者自然是性之也而連言之則上文言異俗注惟性之小別謂

其所好惡情不同令摠惟剛柔摠則是情是性之別因謂細

大略有九人性不同亦有剛柔輕重遲速惟此緩急者此別謂細

別則有好惡情令摠惟剛柔摠若剛柔輕重遲者摠云緩急也別謂細

陶民之行有六大性摠之惟二剛柔而輕言異俗者注云尚書云皐

謂弓車故云德之所用是剛柔而輕重遲速者摠云尚書云皐

大略有九人性不同亦有剛柔輕重遲速者摠云緩急也別謂細

土地之時攻守之器曰械異制五器方注不同作務之用者何

之事當隨其宜故云械謂椹質若粵民為兵胡之用者何

弓車故作器械所用制五器○器械異制○器方謂修其俗至公羊胡傳云

休時地物之風俗教化故禮修其俗齊其政令施為言俗謂民之風

禮義當主政令故注云不易其俗○俗謂民之風

之義當主政令之所宜故云不易其俗齊其政○俗謂民之風

曰也從政當以下至政令注云政謂刑禁四夷中國之異日譯○其教化謂譯

五方之民者舉此北方曰蠻狄則蠻狄可知五方中國之民異謂中國與四夷

夷多燠○雖不火食者謂不以丹青彫文飾其身有不以火食者亦有火食者以其地

氣多燠○雖不火食者謂不以丹青彫害也題謂額言不以火食者亦有火食者以其地

彫題交趾者彫謂刻也彫額言刻其額也謂以丹青彫刻其額非惟言

彫額亦文身也故仲雍居吳越在傳云斷髮文身趾足也言

蠻臥時頭嚮外而足在內而相交故云交趾不云被髮者髮斷故也○衣皮有不粒食者矣者以無絲麻惟食禽獸故衣皮地氣寒少五穀故有不粒食者○衣羽毛於穴居者東北方多鳥故衣羽正北多羊故衣毛凝寒至盛林木又少故穴居其有不粒食者與西戎同○中國夷蠻戎狄皆有安居者言中國與四夷雖異各有所安之居○和味宜服利用備器者言中國與四夷皆有所和之味所宜之服所利之用所備之器其事雖異各自充足○五方之民言語不通嗜欲不同者以水土各異故言語不通好惡殊別故嗜欲不同○達其志通其欲者謂帝王立此傳語之人曉達五方之志通傳五方之欲使相領解其通傳東方之語官謂之曰寄言傳寄外內言語通傳南方語官謂之曰象者言放象外內之言其通傳西方語官謂之狄鞮者鞮知也謂通傳夷狄之語與中國相知其通傳北方語官謂之曰譯者譯陳也謂陳說外內之言東方謂之夷者風俗通云東方人好生萬物觝觸地而出夷者觝也其類有九依東夷傳九種一曰玄菟二曰樂浪三曰高驪四曰滿飾五曰鳧臾六曰索家七曰東屠八曰倭人九曰天鄙南方曰蠻者風俗通云君臣同川而浴極爲簡慢蠻者慢也其類有八李巡注爾雅云一曰天竺二曰咳首三曰僬僥四曰跛踵五曰穿胷六曰儋耳七曰狗軹八曰旁春

西方曰戎者風俗通云斬伐殺生不得其中戎者兇也其類有六李巡注爾雅云一曰僥夷二曰戎央三曰老白四曰耆羌五曰鼻息六曰天剛北方曰狄者風俗通云父子嫂叔同穴無別狄者辟也其行邪辟其類有五李巡注爾雅云一曰月支二曰穢貊三曰匈奴四曰單于五曰白屋○注彫文至爲病○正義曰按漢書地理志文越俗斷髮文身以辟蛟龍之害故刻其肌以丹青涅之以東方南方皆近於海故俱文身云浴則同川臥則僢者言首在外而足相鄉內故典瑞注云僢而同郥正本直云臥則僢無同字俗本有同字誤也○注皆俗至鞮者○正義曰言寄象狄鞮譯皆是四夷與中國皆俗間之名也云依其事類耳者○中國通傳之人各依其當方事之比類而言說之即寄者寄付東方之言象者象似南方之言是依其事類者也云今冀部有言狄鞮者○今日之言必有從於古欲證古有狄鞮之言鞮與知聲相近故鞮爲知也

○凡居民量地以制邑度地以居民地邑民居必參相得也得猶足也○度大洛反參七南反無曠土無游民食節事時民咸安其居樂事勸功尊君

親上然後興學立小學大學○咸行緘反樂音岳又音洛【疏】凡居至興學正義曰此一節論居民與地相得及食節事時勸功尊君立學之事○食節謂食得其節事時謂事得其時樂事謂民樂悅事務勸功謂勉勵立功尊君謂臣民尊君親上謂在下親愛長上民富而可教謂民事既得如此然後可得興學也

附釋音禮記注疏卷第十二

江西南昌府學栞

# 禮記注疏卷十二挍勘記

阮元撰盧宣旬摘錄

附釋音禮記注疏卷第十二　惠棟挍宋本禮記正義卷第十七

## 王制

### 天子將出節

類乎上帝　閩監毛本同石經同岳本同嘉靖本同衞氏集說同釋文本類作禷

天子至乎禰　惠棟挍宋本無此五字

先應反主祖廟故也　閩監毛本同惠棟挍宋本反下有行字考文引宋板反上有行字案惠棟挍不誤

類者於其正禮而爲之　閩監毛本同惠棟挍宋本於作依齊召南云小宗伯注類者依其正禮而爲之依字訛於遂不可解

是宜爲祭名也 閩監本同毛本名誤義衞氏集說亦作是宜爲祭名

天子無事與諸侯相見節

天子至天子 惠棟挍宋本無此五字

此一節論諸侯朝天子 閩監本同衞氏集說同毛本一節誤天子

朱中鼻寸 閩監毛本作朱此本朱誤未

三璋之勺形如圭瓚 考文引宋板同閩監毛本三作二字按作二與考工記注不合

天子命之教節

天子曰辟廱 閩監毛本同石經同岳本同嘉靖本同衞氏集說同陳澔集說作辟雍考文引古本同石經考文提要云宋大字本宋本九經南宋巾箱本余仁仲本劉叔剛本禮記纂言俱作廱

天子至頖宮 惠棟挍宋本無此五字

遠郊上公五十里　閩監毛本作上此本上誤止

小學在四郊下文具也　閩監毛本四改西衛氏集說同

士雝水之外圜如璧　惠棟挍宋本士上有築字衛氏集說同雝作廱閩監毛本士誤王無築字雝作廱

是政教治理之事　閩監毛本作政此本政誤故

王在靈沼　閩監毛本如此此本在字重誤也

天子將出征節

定兵謀也　閩監毛本作也岳本同嘉靖本同衛氏集說同此本也誤反

以訊馘告　閩監毛本同岳本同嘉靖本同衛氏集說同石經訊作訐釋文出以訐云本又作誶音信注同案作訐始與誶字形相涉而訛

天子至馘告　惠棟挍宋本無此五字

按釋天云　惠棟挍宋本作天衞氏集說同此本天誤奠閩監毛本同

及舜之攝位亦類于上帝　閩監毛本同惠棟挍宋本于作乎是也

亦比類正禮而爲之　閩監毛本作此此本比誤此

春入學舍采合舞　閩本亦作采與周禮大胥合此本采誤來監毛本作菜衞氏集說同

天子諸侯無事節

諸侯不掩羣　閩監毛本同石經同岳本同嘉靖本同衞氏集說同正義同釋文出不揜云本又作掩考文引古本亦作揜

下謂弊之　閩監毛本作獘嘉靖本同岳本同衞氏集說同此本弊作斃

天子至覆巢　惠棟挍宋本無此五字

故穀梁淵聖御名四年閩本同惟故字作按考文作故監本毛本作穀梁桓四年衛氏集說同下同

次殺射髀髂惠棟挍宋本同閩監毛本髂作骼衛氏集說同○按穀梁注作髂髂字見埤蒼說文作骼从骨各聲乃髂之本字

射左髀達於右髂閩監毛本同衛氏集說同浦鏜云髃詩傳作髃釋文云餘繞反疏謂水膁也○有說詳公羊桓四年挍勘記

當以注爲正閩監毛本同惠棟挍宋本注上有此字

言守取之無所擇也閩監毛本同惠棟挍宋本所作强○按周禮注作所賈景伯疏同

天子四時田獵皆得圍閩監毛本如此此本皆得圍三字模糊

下謂弊之者閩監毛本作弊此本弊誤幣下則弊之同

注云以旗者閩監毛本作以此本以誤小

注佐車駈逆之車閩監毛本駈作驅下同

時名不同也閩監毛本同衞氏集說同惠棟挍宋本名作各是也

按說文曰昆同也閩監毛本同惠棟挍宋本昆作蚰

冢宰制國用節

用地小大閩本惠棟挍宋本石經宋監本岳本嘉靖本同衞氏集說同監毛本小大二字倒石經考文提要云宋大字本宋本九經南宋巾箱本余仁仲本劉叔剛本至善堂九經本皆作小大

視年之豐耗閩監毛本同岳本同嘉靖本同衞氏集說同石經耗作秏宋監本同釋文同石經考文提要引宋大字本同○按作秏是也秏者乏無之謂

當有九年之蓄閩監毛本同岳本同嘉靖本同衞氏集說同釋文出之畜云後皆同

筭今年一歲經用之數閩監本同岳本同嘉靖本衞氏集說同毛本筭作算

民無食菜之飢色閩監毛本同岳本同衞氏集說同嘉靖本飢作饑

天子乃日舉以樂以食惠棟挍宋本無上以字岳本宋監本嘉靖本同考文引足利本同閩監毛本下以改侑衞氏集說同

冢宰至以樂惠棟挍宋本無此五字

每年之率入物分爲四分惠棟挍宋本同閩監毛本物作均

三分而當年所用閩監毛本而作爲衞氏集說同

大略有閏月十三閩監毛本同惠棟挍宋本三作二是也衞氏集說同

故惟有九年之蓄是閩監毛本同惠棟挍宋本是作也衞氏集說同

捎其數閩監毛本數作藪衞氏集說同○按作藪與考工記同

指其繩體則謂之紼惠棟挍宋本同閩監毛本指誤絙續通解作指其成體其成字亦誤也

則宗廟四時常祀惠棟挍宋本同閩監毛本常誤當衞氏集說亦作常

次六百歲陰五謂水五年惠棟挍宋本同閩監毛本二五字皆作三是也

其災歲兩个閩監本个作箇毛本作個下同

天子七日而殯節

喪不貳事閩監本同石經同岳本同嘉靖本同衞氏集說同毛本事誤車考文引宋板古本足利本作事

天子至不祭惠棟挍宋本無此五字

此記者許以降二爲差閩監毛本同惠棟挍宋本許作皆

今左氏云踰月於義左氏爲短閩監本同毛本今誤會於誤爲考文引宋板作

今

皆數往月往日 惠棟挍宋本作往監本作死非

及大夫之踰月也 閩監毛本同盧文弨云及當是乃

易下邳傳其容説 監毛本同惠棟挍宋本傳其作傅甘閩本其字闕盧文弨云傳其當作侍其複姓也宋板作甘吏誤

我先君簡公在楚 閩監毛本作先此本先誤死

庶人至貳事 閩監毛本有事字此本事字脫

不須顯異 閩監毛本作不此本不誤本

餘居喪之外不供他事 閩監毛本同惠棟挍宋本餘作除

知縣封當爲縣窆者 惠棟挍宋本閩監毛本作窆此本窆誤穿

吾不汲汲葬其親　閩監毛本吾作言是也

不可行事　閩監毛本同惠棟挍宋本不上有兩字

則在廟未發之時　閩監毛本作廟衛氏集說同此本廟字闕

是周禮冢人文　毛本作冢閩監本冢作塚此本冢誤處

上貳是副二之貳　閩監毛本同衛氏集說同惠棟挍宋本二作貳

謂除服之後吉祭之時　閩監毛本如此衛氏集說同此本除誤際吉誤告

卒哭成事祔　閩監毛本同衛氏集說同惠棟挍宋本祔作附下卒哭成事祔皆少牢同

喪祭尚爾　監毛本作尚衛氏集說同此本尚作向閩本同

是一時之言　閩監毛本同衛氏集說同惠棟挍宋本言作事

天子七廟節

天子至於寢 惠棟挍宋本無此五字

故漢侍中盧植說文云 閩監毛本同惠棟挍宋本無文字

禮器天子七廟堂七尺 閩監毛本同惠棟挍宋本下七作九與禮器合

故莊三年公羊傳云 監毛本作傳此本傳誤庸閩本傳字闕盧文弨云傳當作經

天子諸侯宗廟之祭節

天子至地者 惠棟挍宋本無此五字

論夏殷天子諸侯大夫四時祭宗廟 閩監毛本作時此本時誤命

是禘爲殷祭 惠棟挍宋本同衞氏集說同閩監毛本祭誤制

今鄭注此視視其牲器 閩監毛本同惠棟挍宋本此下有云字續通解同

以韵句也 監毛本同惠棟挍宋本作以韻衞氏集說同閩本韵字闕

是晉人祭河也　惠棟按宋本此下標禮記正義卷第十七終記云凡二十二頁

天子諸侯祭因國節　惠棟按宋本自此節起至凡居民量地節止爲第十八卷卷首題禮記正義卷第十八

昔夏后氏郊鯀　閩監毛本同岳本同嘉靖本同衛氏集說同惠棟按宋本鯀作鮌釋文同○按廣韻云禹父鯀尚書本作鯀段玉裁云鯀乃鯀之譌字

晉侯夢黃熊入國　監本同岳本同嘉靖本同衛氏集說同毛本熊作能閩本熊字闕釋文出黃能云本又作熊○按段玉裁云凡左傳國語中黃能字後人皆改爲黃熊非也

天子至後者　惠棟按宋本無此五字

夏后氏亦禘黃帝而郊鯀是夏郊鮌　監毛本鮌作鯀閩本鮌字模糊按五經文字鯀或作鮌是鯀鮌本一字此注字既作鮌故疏用注文亦作鮌其非用注文則作鯀故疏中惟此一字

作鮌諸本不達此旨凡疏中皆改作鯀并注中之鮌亦改從鯀失其意矣

但不知名杞以否 閩監毛本同惠棟挍宋本以作與衞氏集說同

鼈三足能 毛本同惠棟挍宋本能字同而能上又有爲字閩監本能誤熊無爲字是也

天子犆礿節

禘一犆一祫 閩監毛本作祫石經同岳本同嘉靖本同衞氏集說同此本祫誤洽

天子至烝祫 惠棟挍宋本無此五字

故云祫禘祫嘗祫烝 閩監毛本作嘗衞氏集說同此本嘗誤禘

丁卯大事于大廟 閩監毛本作大廟此本誤天廟

皇氏之說也 閩監毛本同惠棟挍宋本說下有非字衞氏集說同

云魯禮三年喪畢 閩毛本同監本畢誤卑

以此相推兄可知 閩監毛本作況此本況作兄○按段玉裁云古矧兄比兄字皆用兄後乃用況字又其後改作况非也

是鄭以天子之禮與魯同也 惠棟按宋本作同此本同誤國閩監毛本同

哀姜之喪僖三年乃除 惠棟按宋本作姜此本姜誤公閩監本同毛本哀姜作閔公尤誤

三年之喪則既潁 惠棟按宋本同閩監毛本潁誤頴

故王肅論引賈逵說 閩監毛本作逵此本逵誤逵

審遞昭穆 閩監毛本同惠棟按宋本遞作諦

皆升合於其祖 閩監毛本同惠棟按宋本其作大

南方諸侯春礿祭竟 閩監毛本作春此本春誤有

欲見先時祭　惠棟挍宋本作欲此本欲字模糊閩監毛本欲作此

法不作禘　惠棟挍宋本作作禘此本作禘二字模糊閩監毛本作重禘按重字非也

天子社稷皆大牢節　惠棟挍云天子節庶羞節宋本合爲一節

所謂羔豚而祭　閩監毛本作豚岳本同嘉靖本同衛氏集說同此本豚字闕

四之日其早　閩監毛本同岳本同嘉靖本同衛氏集說早作蚤

稻以鴈　閩監本同石經同岳本同嘉靖本同衛氏集說同毛本鴈作雁

庶人無故不食珍　閩監毛本作珍石經同岳本同嘉靖本同衛氏集說同此本珍誤殄

故謂祭饗　閩監毛本同岳本同嘉靖本同衛氏集說饗作享

天子至食珍　惠棟挍宋本無此五字

注有田者既祭至祭非　閩監毛本同惠棟挍宋本無者既祭三字

故禮記明堂位云 惠棟按宋本作位此本位誤涖閩監毛本改涖爲注亦非

譏其用七月 閩監毛本同惠棟按宋本譏作議

非鄭云也 閩監毛本同惠棟按宋本云作義是也

按春秋桓八年 監毛本作桓此本桓作淵聖御名閩本同下桓十四年同

汜閣荅曰 惠棟按宋本作汜此本汜誤記閩監毛本同考文引宋板閣作閤浦鏜從月令疏挍亦改記作汜○按浦鏜是也通典引亦作汜閣

公有司私臣皆殺胥 閩監毛本作殺此本殺誤殺

故知謂祭也 閩監毛本同衞氏集說祭下有享字

其諸侯及大夫饗食賓得用牛也 閩監本同毛本賓作賔考文引宋板作賓

庶羞不踰牲節

庶羞不踰牲閩監本同石經同岳本同嘉靖本同衛氏集說同毛本踰誤用考文引宋板作踰

酏食糝食閩本同惠棟挍宋本同衛氏集說同監毛本酏誤馳考文引宋板馳作酡與惠挍不同此考文之誤也

古者公田節

古者至無征惠棟挍宋本無此五字

竝非周法惠棟挍宋本作並衛氏集說同此本並誤若閩監毛本同

或兼虞夏以言之惠棟挍宋本同閩監毛本無作殷衛氏集說作或兼虞夏殷言之無以字

關竟上門也惠棟挍宋本同閩監毛本竟作境衛氏集說同

此夏殷法閩監毛本作殷衛氏集說同此本殷誤於

猶須譏禁　閩監毛本作猶此本猶誤酒

獺祭魚　閩監毛本作獺此本獺誤稅

圭絜白也　惠棟挍宋本同閩監毛本絜作潔衛氏集說同下同

故注云周官之士田　閩監毛本官作禮

治公田美惡取於此　閩監毛本作美此本美字模糊

此則計田雖不得什一　惠棟挍宋本同閩監毛本計誤井考文引宋板井作圭非也

又鄭注匠人云　惠棟挍宋本作鄭注此本鄭注誤葬匠閩監毛本同衛氏集說作案鄭注匠人云

稅夫無公田　惠棟挍宋本作夫衛氏集說同此本夫字殘闕閩本同監毛本夫作去誤

制公田不稅夫　惠棟挍宋本同閩監毛本制誤惟衛氏集說同

以春秋宣十五年云　閩監毛本作宣衞氏集說同此本宣誤亭

以大都之田任畺地　惠棟按宋本同是也閩監毛本畺作彊衞氏集說同

廛邑居里矣　閩本同惠棟按宋本同監毛本居里二字倒衞氏集說同盧文弨云宋本周禮注亦作邑居里

又司馬云　閩監毛本同浦鏜云司馬下當脫法字

通爲匹馬　惠棟按宋本作匹此本匹誤四閩監毛本同衞氏集說同

以此田上中下　閩監毛本作此衞氏集說同此本此誤世

然畿外諸侯雖立公田　惠棟按宋本作畿衞氏集說同此本畿誤郊閩監毛本同

其實諸侯郊外亦用貢法　閩監毛本同衞氏集說同惠棟按宋本外作內

九夫之田而稅一　閩本同惠棟按宋本同衞氏集說同監毛本九誤大

邦國亦異外內耳閩監毛本如此衛氏集說同此本國亦誤卬齊

大貉小貉閩監本如此此本二務字模糊毛本誤大輅小輅

皆九夫爲井八家共治公田八十畝閩監本同考文引宋板同毛本夫誤

家共誤其

但不知諸侯郊內十夫閩監毛本作夫此本夫誤大

若爲周制耳監毛本作周此本周誤你閩本此字闕考文引宋板周作作

注麓山足閩監毛本足下有也字

水鍾曰澤惠棟按宋本作鍾與周禮大司徒注合衛氏集說同此本鍾作鐘閩監毛本同

林麓川澤之異也惠棟按宋本作川衛氏集說同此本川誤山閩監毛本同

是征謂稅也惠棟按宋本作征此本征誤正閩監毛本同

殷政寬厚 閩監毛本作厚此本厚誤辱

用民之力節

年歲雖豐 閩監毛本作豐此本豐誤豊下同

田里不粥節

田里至不請 惠棟挍宋本無此五字

司空執度度地節

沮謂萊沛 閩監毛本同岳本同嘉靖本同衛氏集說同釋文出沛也是釋文本沛下有也字考文引古本同

司空至之食 惠棟挍宋本無此五字

論司空居民并任以事食之事 閩監毛本同衛氏集說同惠棟挍宋本并作幷

言沮地閩監毛本如此此本沮地誤祖也○

堪造邑井惠棟挍宋本作造此本造誤達閩監毛本同衛氏集說同

則用力難重閩監毛本作難此本難誤雖

按遺人云閩監毛本作遺此本遺誤貴

凡國野之道惠棟挍宋本作野衛氏集說同此本野誤則閩監毛本野誤家

老者食少閩監毛本作者衛氏集說同此本者誤之

老給壯糧惠棟挍宋本作糧此本糧誤者閩監毛本同

凡居民財節

必因天地寒煖燥濕閩本同石經同岳本同嘉靖本同衛氏集說同監毛本濕作溼○按依說文當作溼漢隸多以濕爲燥溼字

使其材藝堪地氣也　閩監毛本同岳本同嘉靖本同衛氏集說同惠棟挍宋本藝作埶宋監本同

謂其情性緩急　惠棟挍宋本宋監本岳本嘉靖本同閩監毛本情性二字倒衛氏集說同

謂旃裘與絺綌　閩監毛本同岳本同嘉靖本同衛氏集說同釋文同惠棟挍宋本旃作氈宋監本同

○按氈正字旃假借字

卧則僢　閩監毛本同岳本同嘉靖本同衛氏集說同考文引古本足利本僢上有同字正義云正本直云卧則僢足無同字俗本有同字誤也

衣羽毛　閩監毛本同石經同岳本同嘉靖本同衛氏集說同惠棟挍宋本羽毛二字倒

凡居至曰譯　惠棟挍宋本無此五字

此一節論中國及四夷　閩監毛本如此此本中字誤移入下行此下六行行末一字遞

移至七行水性則信則誤經而止閩監毛本不誤

各須順其性氣材藝 閩監毛本作藝衞氏集說同此本藝作埶

從此以下至北方曰譯 惠棟挍宋本作從此本從誤後閩監毛本後改自

雖不火食 閩監毛本作雖此本雖誤如

非惟彫額 閩監本同毛本額誤刻考文引宋本作額

衣羽毛穴居者 惠棟挍宋本如此此本毛下衍於字閩監毛本同

林木又少 閩監毛本作木此本木誤本

依東夷傳九種 閩監毛本同衞氏集說同段玉裁据後漢書九種下補曰畎夷于夷方夷黃夷白夷赤夷元夷風夷陽夷李巡注爾雅云共二十五字而後接一曰元菟句盧文弨依爾雅疏增作依東夷傳夷有九種曰畎夷于夷方夷黃夷白夷赤夷元夷風夷陽夷又共增二十二字

三曰高驪　閩監毛本同衛氏集說同惠棟挍宋本驪作麗

一曰天笁　閩本同監毛本笁作竺是也衛氏集說同

二曰咳首　閩監毛本同衛氏集說同惠棟挍宋本首作者

四曰跛踵　閩本同惠棟挍宋本同監毛本跛作跂衛氏集說同

八曰旁春　閩監毛本同衛氏集說同惠棟挍宋本旁作韋盧文弨云韋亦譌皇侃論語疏作旁脊

戎者兇也　閩監毛本同衛氏集說同惠棟挍宋本也作戎

二曰戎央　閩本同考文引宋板同監毛本央作夷衛氏集說同盧文弨云戎夷紺珠作戎夫皇疏作依貊爾雅疏作戎夷

四曰單于　段玉裁挍本單作箄

正本直云　閩監毛本同浦鏜挍云正疑定字誤

臥則僢無同字　閩監毛本同惠棟挍宋本僢下有足字○

是依其事類者也　閩監毛本同惠棟挍宋本無者字

凡居民量地節

凡居至興學　惠棟挍宋本無此五字

附釋音禮記注疏卷第十二終　惠棟挍宋本禮記正義卷第十八終記云凡十五頁

禮記注疏卷十二挍勘記

附釋音禮記注疏卷第十三

王制　　鄭氏注　孔穎達疏

司徒脩六禮以節民性明七教以興民德齊八政以防淫一道德以同俗養耆老以致孝恤孤獨以逮不足上賢以崇德簡不肖以絀惡司徒地官卿掌邦教者逮及也簡差擇也○防本又作坊音同恤辛律反逮音代又大計反肖音笑絀勑律反命鄉簡不帥教者以告帥循也不循教謂敖很不孝弟者司徒使鄉簡擇以告者鄉屬司徒○帥音率循音巡敖本又作傲同五報反很胡墾反弟大計反本又作悌耆老皆朝于庠元日習射上功習鄉上齒大司徒帥國之俊士與執事焉將習禮以化之使之觀焉耆老致仕及鄉中老賢者朝猶會也此庠謂鄉學也

鄉謂飲酒也鄉禮春秋射國蜡而飲酒養老○朝直遥反庠音祥與音預蜡仕詐反不變命國之右鄉簡不帥教者移之左命國之左鄉簡不帥教者移之右如初禮中年考校而又不變使轉徙其。居覬其見新人有所化也亦復習禮於鄉學使之觀焉○覬音冀復扶又反下又復復移復與同○不變移之郊如初禮郊鄉界之外者也稍出遠之後中年又爲之習禮於郊學○爲于僞反下爲親爲爲其大亦爲皆同不變移之遂如初禮遠郊之外曰遂遂大夫掌之又中年復移之使居遂又爲習禮於遂之學不變屏之遠方終身不齒遠方九州之外齒猶録也命鄉論秀士升之司徒曰選士移居。於司徒也秀士鄉大夫所考有德行道藝者○選宣戀反下皆同行下孟反○司徒論選士之秀者而升之學曰俊士可使習禮者學大學升於司徒者不征於鄉升於學者不征於司徒曰造士不征不給其繇役造成也能習禮則爲成士○給音急徭本又作繇音遥樂正崇四術立四教樂正樂官之長掌國子之教虞書曰夔命汝典樂教冑子崇高也高尚其術以作教也幼者教之於小學長者教之於大學尚書傳曰年十五始入小學十八入大學○樂音岳長丁丈反下同夔求龜反命女音汝○順先王詩書禮樂以造士順此四術而教以成是士也○春秋教以禮樂冬夏教以詩書春夏陽也詩樂者聲聲亦陽也秋冬陰也書禮者事事亦陰也互言之者皆以其術相成○夏戶嫁反注及下注夏官同王大子王子羣后之大子卿大夫元士之適子國之俊選皆造焉皆以四術成之王子王之庶子也羣后公及諸侯○適丁歷反下注同造才早反徐七到反○凡入學以齒皆以長幼受學不用尊卑將出學小胥大胥小樂正簡不帥教者以告于

大樂正大樂正以告于上此所簡者謂王大子王子羣后之大子卿大夫元士之適子大胥小胥皆樂官屬也出學謂九年大成學止也○胥息餘反又息呂反下同○王命三公九卿大夫元士皆入學不變王親視學亦謂使習禮以化之不變王又親為之臨視重棄賢者子孫此習禮皆於大學也○不變王三日不舉去食樂重弃人○去丘呂反○屏之遠方西方曰棘東方曰寄終身不齒棘當為僰僰之言偪使之偪寄於夷戎不屏於南北為其大遠○屏必郢反棘依注音僰又作僰蒲北反偪也偪彼力反大音太舊他佐反大樂正論造士之秀者以告于王而升諸司馬曰進士移名於司馬司馬夏官卿掌邦政者進士可進受爵祿也

〔疏〕司徒至進士○正義曰此一節論司徒脩禮明教上賢絀惡教學升進之事各隨文解之○脩六禮以節民性者六禮謂冠一昏二喪三祭四鄉五相見六性稟性自然剛柔輕重遲速之屬恐其失中故以六禮而節

其性也○明七教以興民德者七教即父子一兄弟二夫婦三君臣四長幼五朋友六賓客七也德者得也恐人不得其所故以七教以興舉其民使之皆得其所也此六禮七教並是殷禮周則五禮十二教也齊八政以防淫者八政一曰飲食二曰衣服三曰事爲四曰異別五曰度六曰量七曰數八曰制淫謂過奢侈故以八政禁令之事以防淫淫過之失貴賤同有故不云民淫○一道德以同俗者道履蹈而行謂齊一所行之道以同國之風俗敬養耆老所以致恭孝之心哀恤孤獨所以逮及不足謂以恩惠遂及之不足則孤獨者也尊上賢人所以崇獎有德簡去不肖所以絀退惡人從司徒以下至升諸司馬曰進士皆是司徒所掌教之事既云上賢崇德簡不肖絀惡揔之於此從命鄉簡不帥教者至終身不齒論絀惡之事謂鄉人入學不帥師教屏退絀除也自命鄉論至曰造士論崇德之事謂鄉人入學德業有成升名進於司徒又鄉人所學須有經術自樂正崇四術至詩書明所習業之事非惟鄉人所教如此王子公卿之子亦當須教其不肖者亦當退之自王大子以下至終身不齒論教王子等屏退之事但鄉人既卑節級升之故爲選士俊士至於造士若王子與公卿之子本位既尊不須積漸學業既成即爲造士於是大樂正之官揔論鄉人造士及王子等造士以告於王

升諸司馬故云大樂正論造士之秀者以告於王而升諸司馬曰進士是揔包鄉人及王子及公卿之子學業成者○注帥循至司徒○正義曰帥循也爾雅釋詁文云鄉屬司徒者六鄉大夫皆司徒統領周禮鄉皆屬地官是鄉屬司徒也○司者老至事焉○司徒命此鄉簡擇不帥教者以告司徒司徒乃命鄉內耆老皆聚會於鄉學之庠乃擇善日於鄉學內爲此不帥教之人習其射禮中者在上故云上功又於鄉學習此鄉飲酒之禮令老者居上故云上齒欲使不帥教之人觀其上功自勵爲功觀其上齒則知尊敬長老大司徒以帥國之英俊之士與在鄉射飲酒執行事焉使俊士與之爲領榮惡者慕之而自勵此言國之俊士則非惟鄉內人○注鄉耆老至養老○正義曰揔言耆老其數則衆故知致仕及鄉中老賢致仕則書傳略說云大夫爲父師士爲少師是也鄉中老賢謂鄉人不仕年老有德行者故鄉飲酒云以告于先生君子可也注云先生鄉中致仕者君子國中有盛德者云朝猶會也者恐有朝王之嫌故云朝猶會也云此庠謂鄉學也者以習射上功在州學習鄉上齒在黨學恐此是州黨之學故云庠鄉學也謂初時耆老聚會於庠學乃擇元日就州學習射就黨學上齒習射習鄉各在一處則不得同日也云鄉謂飲酒也者言經中習鄉謂飲酒者此鄉既有上齒之文

故知謂鄉飲酒也云鄉禮春秋射者按州長職云春秋而射
于州序然則射在州序而云鄉射禮者州屬於鄉雖在州序
亦得謂之鄉或可鄉居此州更不立州學若州之有事則就
鄉學是鄉學得為射也云鄉禮春秋射者解習射之處也云
國蜡而飲酒養老者周之十二月國家蜡祭之時黨正鄉飲
酒而養老按黨正云國索鬼神而祭祀則以禮屬民而飲酒
于序以正齒位知此經習鄉非正月鄉學飲酒者以鄉飲
酒無正齒位之事此云上齒按黨正職云壹命齒于鄉里再
命齒于父族三命而不齒又禮記鄉飲酒義云六十者坐五
十者立侍故解此鄉為黨正飲酒謂之鄉者黨鄉之屬故云
鄉也或鄉之所居之黨不別立黨學黨之正齒位就鄉學為
之亦謂之飲酒○注中年至觀焉○正義曰按學記一年視
離經辨志三年視敬業樂羣五年視博習親師七年視論學
取友謂之小成九年知類通達上云命鄉簡不帥教者謂初
入學一年之終簡不帥教敖很之人為之習射習鄉此注云
中年考校而又不變中猶間也謂間一年而考校之時不變
者右鄉者移左左鄉者移右下云不變移之郊者謂五年之
時更簡不帥教者故注云中年又為之習禮間四年之下一
年也下云不變移之遂者謂七年之時故注云又中年移之
遂間六年之下一年也下云不變屏之遠方者謂九年之時

鄭注不云問年者以九年限極不須云問年也云亦復習禮於鄉學者習禮謂習射上功習鄉上齒故經云如初○注郊鄉至郊學○正義曰此郊謂近郊也以遠郊之內六鄉居之若鄉民近國城及國內之人其學在國中或在公宮之右或在公宮之左故前云右鄉若鄉人遠國城在近郊之外者則學在近郊其習禮亦鄉大夫臨之○注遠郊至之學○正義曰按司馬法曰百里郊二百里野遂人云掌邦之野既二百里爲野遂之所居故知遠郊之外云遂大夫掌之者謂遂大夫掌所職二百里中也且此不帥教者移之在遂不應鄉大夫臨之故亦遂大夫掌之遂大夫亦帥國之俊選於遂學而行禮也但六鄉州學主射黨學主正齒位遂則縣與州同鄙與黨同未知縣正主射鄙師主正齒位以否亦應與鄉不異但周禮不備耳但縣鄙皆屬於遂雖各立學揔曰遂學或遂之所居縣鄙不立縣鄙之學有事則在遂學與鄉同○注遠方至録也○正義曰九州之外於周則夷鎮蕃也蓋隨罪之輕重而爲遠近之差若王子公卿之子雖屏夷狄但居夷狄之内畔故下注云不屏於南北爲其大遠明鄉人則屏於南北也齒猶録也者按文王世子云古者謂年齡齒亦齡也以年相次是録其長幼故云齒猶録也○注移名至藝者○正義曰大司徒之官命鄉大夫論量考校此鄉學之人有秀異之

士者升於司徒先名惟在鄉令移名於司徒謂錄名進在司
徒其身猶在鄉學云秀士鄉大夫所考有德行道藝者謂鄉
大夫考此鄉學之人有德行道藝者德行謂孝友之徒道藝
謂多才藝此惟升名司徒未即貢舉入官也按鄉大夫云三
年則大比效其德行道藝而興賢者能者謂鄉人有能有賢
者以鄉飲酒之禮興之獻賢能之書於王名則升於天府身
則任以官爵則下文云大樂正論造士之秀者以告於王而
升諸司馬曰進士彼據鄉人故三年一舉此據學者故中年
考試殷周同也熊氏以爲此中年舉者爲殷禮鄉大夫三年
舉者周法其義非也○注可使至大學○正義曰按內則云
二十而冠始學禮此升於大學曰俊士之人年以二十故可
使習禮云學大學者按尙書周傳云王子公卿大夫元士之
適子十三。入小學二十入大學又書傳略說餘子十五入小
學十八入大學其鄉人當與餘子同故知二十習禮之時在
大學也此升於學者謂身升於大學非惟升名而巳○注不
征至成士○正義曰征謂力役故云不給縣役此縣役者供
學及司徒細碎之縣役也上文命鄉論秀士升之司徒曰選
士者雖升名司徒猶給鄉之縣役以藝業未成次云司徒論
選士之秀者而升之學曰俊士者身雖升學亦以學未成猶
給司徒縣役若其學業既成免其縣役定本云升之學無大

字升諸司徒則不征於鄉升之於學則不征於司徒皆免其繇役者是爲造成之士云能習禮則爲成士者以二十習禮禮以立身故爲成士然習禮必年二十按書傳適子二十入大學餘子十八入大學然則升名司徒未入大學已能習禮爲造士者二十習禮舉其大綱若其性識聰明則亦早能習之○注樂正至大學○正義曰樂正掌國子之教者按周禮大司樂掌成均之法以教國子引虞書命汝典樂教胄子者證以樂官教胄子之義孔注尚書云胄長也謂王子公卿大夫元士之子云高尚其術以作教也者謂樂正之官當光揚尊崇此四術以爲教謂敷暢義理賛明旨趣使學者知之引尚書傳曰以下書傳略說文順先王詩書禮樂以造士樂正之官依順此古昔先王之道則詩書禮樂之等教之造成此士術者是道路之名詩書禮樂是先王之道路謂之術○注春夏至相成○正義曰鄭以經云春秋教以禮樂則秋教禮春教樂冬夏教以詩書則冬教書夏教詩故云春夏陽也詩樂者聲聲亦陽也所以詩得爲聲者詩是樂章詩之文義以樂聲播之故爲聲若以聲對舞則聲爲安靜舞爲鼓動舞爲陽聲爲陰故大胥云春釋采合舞秋頒學合聲是也就舞之中奮動甚者屬陽奮動靜者屬陰故文王世子云春夏學干戈秋冬學羽籥是也云秋冬陰也書禮者事事亦陰也者書

者言事之經禮者行事之法事爲安靜故云書禮者事事亦
陰也文王世子云秋學禮冬讀書與此同也云互言之者皆
以其術相成者若不互言當云春夏教以樂詩秋冬教以禮
書則是春夏但教以樂詩不教禮書秋冬但教以禮書不教
以樂詩言其四術不可暫時而闕今交互言之云春教樂明
兼有禮秋教禮兼有樂夏教詩兼有書冬教書兼有詩故云
皆以其術相成但遂其陰陽以爲偏主耳○注皆以至諸侯
正義曰皆以四術成之解經皆造焉謂王太子公卿大夫元
士之子國之俊選皆以四術造焉云王子王之庶子也者以
經云王大子乃云王子故知是庶子也云羣后公及諸侯者
以經羣后之下即云卿大夫士無諸侯之文故知羣后之中
是三公及諸侯也○注皆以長幼受學○正義曰長幼受學
雖王大子亦然故文王世子云將君我而與我齒讓何也是
其事也○注此所至上也○正義曰此所簡者謂王大子以
下者承上鄉之學下恐所簡兼有鄉人故明之也云大小
胥皆樂官屬也者按周禮大司樂中大夫二人大胥中士四
人小胥下士八人皆屬大司樂故云樂官屬也云出學謂九
年大成學止也者以上文鄉人中年考校恐此亦中年故明
之也知九年者以下即云王親視學不變王三日不舉無移
左鄉右鄉及移郊遂之事故知是九年學止也○注習禮皆

於大學也○正義曰若殷人習禮在於大學即明堂位云瞽宗殷學文王世子云禮在瞽宗殷之大學也若周則大學曰東膠瞽宗不得爲周之大學也故鄭注儀禮鄉射云周立四代之學於國而又以有虞氏之庠爲鄉學則周之尋常習禮於殷學之中至九年爲王子不變其習禮當於東膠大學然則餘子十八入大學嫡子二十入大學者皆是殷法也若周法立當代大學在公宫左大學即東膠也又立小學於西郊小學即有虞氏之庠其習書於虞氏之學習禮樂於殷之學習舞於夏后氏之學故文王世子云春夏學干戈秋冬學羽籥皆於東序春誦夏弦大師詔之瞽宗又云禮在瞽宗書在上庠詩則無文鄭注云弦謂以絲播詩則習詩亦在瞽宗然詩與禮樂雖各在其學習之至二十入大學之時仍於大學之中兼習四術故此注云習禮皆於大學是周之大學亦習禮也禮既在瞽宗又在大學則其餘亦可知也○注棘當至大遠○正義曰僰之言偪者按漢書云西南有僰夷知非彼夷而讀爲偪者以與寄文相對寄非東方夷名是寄旅之意則僰亦非西方夷名故以爲偪迫於夷狄也云不屏於南北爲其大遠者按漢書地理志云南北萬三千里東西九千里又帝王世紀南北萬三千三百六十八里東西九千三百二里漢地既然則古亦應爾皆南北長東西短故鄭此注云不

屏於南北爲其大遠○大樂至進士○此大樂正之官論造士之中最秀異者以告於王而升名於司馬論之曰進士言進受爵祿也此文承王子公卿大夫之子下似專據王子等其實鄉人入學爲造士者亦同於此其鄉人不在學者及邦國所貢之士所貢於王亦當升諸司馬以司馬掌爵祿故有司士屬焉其職云以德詔爵以功詔祿即知凡入仕者皆司馬主之下文更不見鄉人及邦國所貢之士故知此中兼之但文不具耳

司馬辨論官材辨其論官其材觀其所長○其論如字舊力困反論進士之賢者以告於王而定其論各署其所長論定然後官之使之試守任官然後爵之命之○任而金反下注同位定然後祿之大夫廢其事終身不仕死以士禮葬之以不任大夫也有發則命大司徒教士以車甲乘兵車衣甲之儀有發謂有軍師發卒○衣於既反卒子忽反凡執技論力適四方贏股肱決射御謂擐衣出其臂脛使

之射御決勝負見勇力○技其綺反本或伎後同嬴本又作嬴力果反肱古弘反擐舊音患今讀宜音宣依字作擐字林云擐擐臂也先全反脛胡定反見賢遍反

凡執技以事上者祝史射御醫卜及百工言技謂此七者凡執技以事上者不貳事不移官欲專其事亦爲不德出鄉不與士齒賤也於其鄉中則齒親親也仕於家者出鄉不與士齒亦賤

【疏】司馬至士齒○正義曰此一節主論司馬之官用其人及發兵論射御及居官黜退之事司馬辨論官材大樂正論造士之秀者以告於王王必以樂正所論之狀授與司馬司馬得此所論之狀乃更論辨之觀其材能高下知其堪任何官是準擬其官以其材故云官材也○論進士之賢者謂司馬辨論之後不堪者屏退論量進士賢者以告於王告王之時而正定其論各署其所長若長於禮者署擬於禮官長於樂者署擬於樂官論定然後官之者謂既論擬定然後試之以所能之官○任官然後爵之者謂堪任此官然後爵命之○位定然後祿之者謂既受爵命使有職位然後與之以祿○注以不任大夫也○正義曰以經云大夫廢

其事故知不堪任大夫也致仕而退死得以大夫禮葬故論語注云大夫退死葬以士禮致仕以大夫禮葬是也○有發至車甲○有發謂國有軍旅以發士卒是司馬之事王制命大司徒教此士卒以車甲之事謂教以乘兵車及衣甲之儀容必司徒者以司徒主衆又主教故與司馬相參也○注有發至發卒○正義曰知發是發卒者以經云教士以車甲故知發謂軍師發卒也○凡執至士齒○執技之事凡有三條上條論課試武夫技藝之事中條論執技之人并射御之外祝史醫卜之等下條論執技之人不得更爲二事以其賤故出鄉不與士齒○凡執技論力適四方贏股肱決射御者言此既無道藝惟論力以事上故適往四方境界之外則使之擐露臂脛角材力決射御勝負見勇武○注言技謂此七者正義曰七者謂祝一史二射三御四醫五卜六百工七射御列前經以顯此重云者上論所試之時此論與祝史醫卜並事見其邑目○注欲專其事亦爲不德○正義曰所以不貳事不移官者欲使專一其所有之事非但欲使專事亦爲技藝賤薄不是道德之事故不許之

○司寇正刑明辟以聽獄訟 司寇秋官卿掌刑者辟罪也○辟婢亦反注同

必三刺 以求民情斷其獄訟之中一曰訊羣臣二曰訊羣吏三曰訊萬民○

刺七智反殺也斷丁亂反下制斷斷訐同中如字又丁仲反○有旨無簡不聽簡誠也有其意無其誠者不論以爲罪○附從輕附施刑也求出之使從輕赦從重雖是罪可重猶赦之○

凡制五刑必即天論制斷也即就也必即天論言與天意合閔子曰古之道不即人心即或爲則論或爲倫○論音倫理也注同郵罰麗於事郵過也麗附也過人罰人當各附於其事不可假他以喜怒○郵音尤俗作郵麗郎計反當丁郎反假古雅反

凡聽五刑之訟必原父子之親立君臣之義以權之權平也○意論輕重之序慎測淺深之量以別之意思念也淺深謂俱有罪本心有善惡○量徐音亮後皆同別彼列反○悉其聰明致其忠愛以盡之盡其情○疑獄氾與衆共之衆疑赦之必察小大之比以成之小大猶輕重已行故事曰比○氾本又作汎乎劒反比必利反注同例也成獄

辭史以獄成告於正正聽之史司寇吏也正於周鄉師之屬今漢有平正丞秦所置○平彼命反正以獄成告于大司寇大司寇聽之棘木之下周禮鄉師之屬辨其獄訟異其死刑之罪而要之職聽於朝司寇聽之朝王之外朝也左九棘孤卿大夫位焉右九棘公侯伯子男位焉面三槐三公位焉○棘紀力反要之於妙反謂要最舊一遥反槐回懷二音○大司寇以獄之成告於王王命三公參聽之王使三公復與司寇及正共平之重刑也周禮王欲免之乃命公會其期三公以獄之成告於王王三又然後制刑又當作宥宥寬也一宥曰不識再宥曰過失三宥曰遺忘○又義作宥忘音妄凡作刑罰輕無赦法雖輕不赦之爲人易犯○爲于僞反易以豉反後易犯同○刑者侀也侀者成也一成而不可變故君子盡心焉變更也侀音刑析言破律亂名改作

執左道以亂政殺析言破律巧賣法令者也亂名改作謂變易官與物之名更造法度左道若巫蠱及俗禁○析思歷反亂名如字王肅作循名巧起教反又如字蠱音古作淫聲異服奇技奇器以疑眾殺淫聲鄭衛之屬也異服若聚鷸冠瓊弁也奇技奇器若公輸般請以機窆○鷸伊必反徐音述弁皮變反般百間反行僞而堅言僞而辯學非而博順非而澤以疑眾殺皆謂虛華捷給無誠者也○行下孟反華戶瓜反又如字假於鬼神時日卜筮以疑眾殺今時持喪葬築蓋嫁取卜數文書使民倍禮違制○日入一反此四誅者不以聽爲其爲害大而辭不可明凡執禁以齊眾不赦過亦爲人將易犯有圭璧金璋不粥於市命服命車不粥於市宗廟之器不粥於市犧牲不粥於市戎器不粥於市尊物非民所宜

有戎器軍器也粥賣也○璋之羊反用器不中度不粥於市兵車不
中度不粥於市布帛精麤不中數幅廣狹不
中量不粥於市姦色亂正色不粥於市凡以其不可用
也用器弓矢耒耜飲食器也度丈尺也數升縷多少中丁仲反下皆同幅方服反耒耜上力對反下音似錦
文珠玉成器不粥於市衣服飲食不粥於市
不示民以奢與貪也成成猶善也五穀不時果實未孰不粥於市
物未成不利人木不中伐不粥於市伐之非時不中用周禮仲冬斬陽木仲夏斬陰木○
夏戶嫁反下春夏同禽獸魚鼈不中殺不粥於市殺之非時不中用月
令季冬始漁周禮春獻鼈蜃○蜃常忍反雉化爲之關執禁以譏禁異服識
異言關竟上門譏呵察○竟音境苛音何又呼河反本亦作呵疏司寇至異言○正義曰此一節揔明

論司寇聽訟刑罰禁止之事各隨文解之從此至赦從重論
司寇正刑明辟之法○正刑明辟者謂司寇當正定刑書明
斷罪法使刑不差二法不傾邪以聽天下獄訟○必三刺者
言正刑明辟聽訟之時刑法宜慎不可專制故必須三刺以
求民情有旨無簡不聽求民情既得其所犯之罪雖有旨意
無誠實之狀則不聽之不論以爲罪也○附從輕者附謂施
刑施刑之時此人所犯之罪在輕重之間可輕可重則當求
可輕之刑而附之則罪疑惟輕是也○赦從重者謂所犯之
罪本非意故爲而入重罪今放赦之時從重罪之上而赦之
其意輕故也即尚書云眚災肆赦是也○注一曰至萬民○
正義曰按周禮司刺云壹刺曰訊羣臣再刺曰訊羣吏三刺
曰訊萬民刺殺也謂欲殺犯罪之人其一問可殺與否於羣
臣羣臣謂公卿大夫士其二問可殺與否於羣吏羣吏謂庶
人在官者其三問可殺與否於庶人庶人謂萬姓衆來觀者
此三刺雖以殺爲本其被刑不殺者亦當問之○注簡誠至
爲罪○正義曰旨意也簡誠也言犯罪者雖有其意而無誠
實者則不論之以爲罪也○注雖是罪可重猶赦之○正義
曰此赦從重與上附從輕皆是從重入輕所以再見其文者
附從輕謂施刑從輕赦從重謂放赦從重所以異也○凡制
至於事○謂此一條論造制五刑須合天意輕重施於刑罰必

附本情○必即天論者即就也論謂論議言制五刑之時必
就上天之意論議輕重天意好生又有時以生有時以殺言
論議刑時亦當好生又就天道使生殺得中論或爲倫倫理
也謂就天之倫理即是好生及好殺得中之理故鄭云言與
天意合○郵罰麗於事者郵過也謂斷人罪過罰謂責罰其
身麗附也言斷其罪過及責罰其身皆依附於所犯之事不
可離其本事假他別事而爲喜怒也○注制斷至爲倫○正
義曰經云制五刑必論古人造制五刑下云必即天論及郵
罰麗於事皆論斷罪之法故以制爲斷非言初制五刑制是
裁制故爲斷也引閔子曰古之道不即人心者證經即爲即
就之義按宣元年公羊傳云古者臣有大喪則君三年不呼
其門已練可以弁冕服金革之事君使之非也臣行之禮也
閔子要經而服事既而曰若此乎古之道不即人心退而致
仕孔子蓋善之也閔子性孝以爲在喪從戎不即人情爲制
此禮是古之所制故閔子嫌之言論或爲倫者諸本或有作
倫者故云或爲倫也○凡聽至成之○原本也權平也凡犯
罪之人或子爲父隱臣爲國諱雖觸刑禁而非其本惡故聽
訟者本其宿情立其恩義爲平量之恕而免放意論輕重之
序者意謂思念也聽訟者以盡意思念論量罪之輕重次序
不有越濫也○慎測淺深之量以別之者謂謹慎測度罪人

意之善惡淺深之量以別之謂分別善惡使不相亂○悉其聰明致其忠愛以盡之者謂聽獄之人盡悉已之聰明尋其事之根本又致其忠恕仁愛不使嚴酷枉濫以盡犯罪人情不有抑屈○疑獄汜與衆共之者疑獄謂事可疑難斷者也汜廣也已若疑彼罪而不能斷決當廣與衆庶共論決之也衆疑赦之者若衆人疑惑則當放赦之故書云與其殺不辜寧失不經○必察小大之比以成之者小大猶輕重也比例也已行故事曰比此言雖疑而赦之不可直爾而放當必察按舊法輕重之例以成於事○成獄至制刑○成獄辭者謂獄吏初責覈罪人之辭已成定也史以獄成告於正者史司寇吏也正獄之正也吏以成辭告於正也○正聽之者正得吏告罪成之辭而又聽察也○正於獄成告於大司寇者正聽已竟又列獄成之辭告於大司寇也○大司寇聽之棘木之下者大司寇得正之告而又聽察於棘木之下謂王之外朝也○大司寇聽獄之成告於王者大司寇與公卿在朝槐棘之下聽獄訟成以告於王也○王命三公參聽之王既得司寇之告成辭而刑辟不可謬妄故王又命三公與司寇及正吏共參準聽之也○三公以獄之成告于王者三公參聽得其情實以獄成辭以告於王也○王三又者三三事也又當爲宥宥寬也王得三公之告則以三事命寬之也○注正

所至所置。正義曰按周禮鄉師屬地官不掌獄訟而云鄉師者鄉謂鄉士也師謂士師也云之屬者謂遂士縣士方士之等云今漢有正平丞秦所置者按漢書百官公卿表廷尉秦官掌刑辟有正左右監宣帝地節三年初置左右平鄭見古有正連言平耳此王制多是殷法秦則放殷置之。注周禮至位焉。正義曰周禮鄉師之屬至職聽於朝是鄉士及遂士縣士職文云異其死刑之罪者鄭云異謂殊其文書謂殊異其應死刑之罪別爲簿書而要之鄭云要之爲其罪法之要辭如今劾矣即是囚之狀辭。爲要狀云司寇聽之朝王之外朝也者按朝士職掌外朝之法云左嘉石平罷民焉右肺石達窮民焉罷民則是犯罪之人故知聽於外朝也云左九棘至三公位焉皆朝士職文故其職云左九棘孤卿大夫位焉羣士在其後右九棘公侯伯子男位焉羣吏在其後面三槐三公位焉州長衆庶在其後鄭云棘取赤心而外刺槐之言懷也懷來人於此鄭康成以爲此外朝位在皐門内庫門之外。注王使至其期。正義曰經直云王命三公參聽之得知三公復與司寇及正共平之者以參聽之是三公之外共人相參而聽之上既有正與司寇故知司寇及正在焉云周禮王欲免之乃命三公會其期者按周禮鄉士掌六鄉之獄若欲免之則王會其期遂士掌六遂之獄若欲免之則王令三公會其期縣士掌野獄若欲免之則王命六卿會其期此遂士職文也獨舉遂士公會其期者以經云王命三公故舉遂士言之舉中以見上下則六鄉王自會之縣野之獄王命六卿會之六卿以獄告于王也○注一宥至遺忘○正義曰此一宥以下是周禮司刺文鄭康成云識審也不審若仇讎當報甲見乙誠以爲甲而殺之者過失者若舉刃欲斫伐而軼中人者遺忘若間帷薄忘有在焉而以兵矢投射之王恐有此三事致罪故令以三事宥之若不當三事故造罪者然後制刑○凡作刑罰輕無赦此文起例故云凡作刑罰也此非疑獄故雖輕不赦也若輕者輒赦則犯者衆也故書云刑故無小雖輕不赦之爲人易犯也○刑者至心焉○此說刑之不可變改故云刑者侀也上刑是刑罰之刑下侀是侀體之侀訓此刑罰之刑以爲侀體之侀言刑罰之刑加人侀體又云侀者成也言侀體之侀是人之成就容貌容貌一成之後若以刀鋸鑿之斷者不可續死者不可生故云不可變故君子盡心以聽刑焉則上悉其聰明致其忠愛是也○注左道至俗禁○正義曰盧云左道謂邪道地道尊右右爲貴故漢書云右賢左愚右貴左賤故正道爲右不正道爲左若巫蠱及俗禁者按漢書武帝時江充埋桐人於大子宮是也初江充曾犯大子後王將老欲立太子太子立必誅充充

遂謀大子爲桐人六枚埋在大子宮中乃讒大子於帝曰臣觀大子宮有巫氣王遂令江充檢之果掘得桐人六枚盡以針刺之太子以自無此事意不服遂殺充武帝故怒遂遣丞相劉屈釐將兵伐大子大子急竄於湖縣民家而藏後事發大子遂自殺而死於其處湖關老人訟大子無罪帝乃悔之因立園陵於湖縣故思子望子歸來蠱者損壞之名故左傳云皿蟲爲蠱是蟲食器皿巫行邪術損壞於人俗禁者若前漢張竦行辟反支後漢書郭躬傳有陳伯子者出辟往亡入辟歸忌是也○注淫聲至機窔○正義曰淫聲鄭衛之屬者以鄭衛多淫風故鄭衛爲淫聲云之屬者則桑間濮上之音故樂記云鄭衛之音亂世之音桑間濮上之音亡國之音是也云異服若聚鷸冠瓊弁者按僖二十四年左傳云鄭子臧好聚鷸冠鄭伯聞而惡之使盜殺之于陳宋之間瓊弁者僖二十八年左傳云初楚子玉自爲瓊弁玉纓服虔注云謂馬飾云若公輸般請以機窔者指其人巧謂之奇技指其機窔謂之奇器故奇技奇器揔謂般也○行僞至衆殺○行僞而堅者行此詐僞而守之堅固不肯變改言僞而辯者謂言談僞事辭理明辯不可屈止學非而博者謂習學非違之書而又廣博順非而澤者謂順從非違之事而能光澤文飾以疑於衆如此者殺按史記孔子爲魯司寇七日而誅少正卯之類

是也○注皆謂至者也○正義曰習僞習非是虛華辯博而澤是捷給不可依用是無誠也○假於至衆殺○妄陳邪術恐懼於人假託吉凶以求財利假於鬼神時日卜筮者謂假託鬼神假託時日假託卜筮以疑於衆鬼神時日卜筮共有假文○注今時至違制○正義曰謂今時之人持執此喪葬築蓋嫁娶卜數之文書以惑於衆妄陳禍福浪說妖祥築謂垣牆蓋謂舍宇○注尊物至賣也○正義曰言圭璧金璋及犧牲戎器皆是尊貴所合蓄之物非民所宜有防民之僭僞也軍器防民之賊亂也○注凡以至多少○正義曰此經之布物若其合法度則得粥之其不合法度者則不得粥也○布帛精麤者若朝服之布十五升斬衰三升齊衰四升之類是也○廣狹者布廣二尺二寸帛則未聞鄭注周禮引逸巡守禮幅廣四尺八寸爲尺鄭注四當爲二則帛廣三尺四寸用器弓矢耒耜飲食器者既夕禮文既夕敦杅之屬即飲食器也○注不示至貪也○正義曰錦文珠玉成器衣服等不粥者不示民以奢飲食不粥者不示民以貪此衣服飲食與珠玉連文據華美者不得粥之恐民貪若尋常飲食則得粥之不得群聚耳故周禮司虣云禁屬遊飲食于市者是也前經圭璧金璋之等是貴者之器故注云非民所宜有謂全不合有以其名位卑故也此錦文珠玉等是華麗之物富人合有

但不得聚之過多故云不粥於市不示民以奢也前文圭璧
金璋各是一物即考工記金飾璋也皇氏以爲用金爲印璋
按定本璋字從玉圭璧之類也且周時稱印曰璽未有稱璋
皇氏之義非也○注周禮至陰木○正義曰此周禮山虞文
鄭注云陽木生山南者陰木生山北者冬斬陽夏斬陰堅濡
調○關執禁以譏禁異服識異言司關之官執此戒禁之書
以譏察出入之人故云執禁以譏禁此身著異
服之人又記識口爲異言之人防姦僞察非違○大史典

禮執簡記奉諱惡 簡記策書也諱先王名惡忌日若子卯○惡烏路反注同策書側八反○

**疏** 大史至諱惡○正義曰此一經論大史之官典掌禮事國之得失是其所掌執此簡記策書奉其諱惡之
事奉謂進也諱謂先王之名惡謂子卯忌日謂奉進於王以
所諱所惡○注諱先王名○正義曰下文云天子齊戒受諫
傳云名終將諱之故以諱爲先王之名其實餘諱亦大史奉
之故禮運云天子適諸侯必舍其祖廟不以禮籍入是謂天
子壞法亂紀鄭注云以禮籍入謂大史典禮執簡記奉諱惡
是亦諱諸侯之祖父也云惡忌日若子卯者忌日謂先王之
亡日及子卯故云若子卯紂以甲子日死桀以乙卯日亡已
具下檀弓疏此惡亦兼餘事故誦訓云掌道方慝以詔辟忌

鄭注云方慝四方言語所惡是也○○天子齊戒受諫歲終羣臣奏歲事諫王當所改爲也○齊側皆反本亦齊下皆同○司會以歲之成質於天子司會冢宰之屬掌計要者成計要也質平也平其計要○會古外反注同冢宰齊戒受質質王受之大樂正大司寇市三官以其成從質於天子大樂正於周宗伯之屬市司市也於周司徒之屬從從於司會也○大司徒大司馬大司空齊戒受質百官各以其成質於三官大司徒大司馬大司空以百官之成質於天子百官此三官之屬○百官齊戒受質受平報也然後休老勞農饗養之○勞力報反成歲事斷計要也制國用【疏】天子至國用○正義曰此下至制國用論歲終天子受質及百官質於天子休老勞農制國用之事也○齊戒受諫者以其歲終舊來所施之事或有不便須有改爲百官以此上

諫於王天子以其事重故先齊戒而後受於諫也司會以歲之成質於天子司會摠主羣官治要故以一歲治要之成質於天子質平也謂奏上文簿聽天子平量之○冢宰齊戒受質者冢宰是貳王治事故亦齊戒贊王受羣官所平之事謂共王論定也大樂正大司寇市三官以其成從質於天子者謂此三官各以其當司成要隨從司會平於天子以周法言之司會摠主羣官簿書則司徒司馬司空簿書亦司會掌之質於天子所以下文司徒司馬司空各質於天子不由司會惟大樂正大司寇市三官從司會質於天子者司會摠主治要先質於王若今時先申帳目樂正司寇司市當司事少即從司會以質於王其司徒司馬司空摠主萬民其事旣大雖司會進其治要仍須各受質屬官親自質於天子百官齊戒受質以司徒司馬司空質於天子天子平斷畢當須報於下故在下百官齊戒受天子所平之要○然後休老勞農者即十月蜡祭之時飲酒勞農也○成歲事者斷定計要一歲事成乃制來歲之國用故云制國用也○注歲終至爲也○正義曰知齊戒受諫是歲終者以下云休老勞農文相連接故知是歲終也以其歲終受質故知諫王當所改爲謂改其舊事更爲新事故用歲終襄十四年左傳師曠云正月孟春於是乎有之諫失常也彼諫王過惡故用正月與此別也○

注司會至計要○正義曰按天官司會中大夫二人屬冢宰故云冢宰之屬云成計要也者按周禮注歲計曰會月計曰要日計曰成彼對文耳此則摠而言之故云成計要也謂一歲薄書摠要成就○注大樂至會也○正義曰按上文司會直云冢宰之屬不云於周此大樂正及市皆云於周者以此文司會與周禮正同故不須云於周此大樂正於周是大司樂此市亦於周爲司市與周禮不同故以周禮明之云從從於司會也者以文承上司會質於天子故知從質者從司會也然此大樂正大司寇及市亦當受屬官之質以其事少文不見耳○注百官此三官之屬○正義曰司徒司馬司空受百官質故云三官之屬若以殷法言之按曲禮云司徒司馬司空司寇司士若以周法言之按夏傳司徒司馬司空三官分主九卿則兼羣官焉但大樂正大司寇司市特自質於天子也○

凡養老有虞氏以燕禮夏后氏以饗禮殷人以食禮周人脩而兼用之兼用之備陰陽也凡飲養陽氣凡食養陰氣陽用春夏陰用秋冬○食音嗣注及下注并下文食之並同養如字徐以上反下同○五十養於鄉六十養於國七十

**養於學達於諸侯**天子諸侯養老同也國國中小學在王宮之左學大學也在郊小學在國中大學在郊此殷制明矣

［疏］凡養至諸侯○正義曰此一節論虞夏殷周養老不同之事各依文解之○凡養老者皇氏云人君養老有四種一是養三老五更二是子孫爲國難而死王養死者父祖三是養致仕之老四是引戶校年養庶人之老熊氏云天子視學之年養老一歲有七謂四時皆養老故鄭此注凡飲養陽氣凡食養陰氣陽用春夏陰用秋冬是四時凡四也按文王世子云凡大合樂必遂養老注云大合樂謂春入學舍菜合舞秋頒學合聲通前爲六又季春大合樂天子視學亦養老世子云凡視學必遂養老是揔爲七也○有虞氏以燕禮者虞氏云燕禮脫屨升堂崔氏云燕者殺烝於俎行一獻之禮坐而飲酒以至於醉以虞氏帝道弘大故養老以燕禮○夏后氏以饗禮者崔氏云饗則體薦而不食爵盈而不飲依尊卑而爲獻取數畢而已夏既受禪於虞是三王之首貴尚於禮故養老以饗禮相養敬也○殷人以食禮者崔氏云不飲酒享大牢以禮食之殷人質素威儀簡少故養老以食禮○周人脩而兼用之者謂周人脩三代之禮而兼用之以養老春夏養老之時用虞氏燕禮夏后氏饗禮之法若秋冬養老之時用殷人食禮之法以

周極文故兼用三代之法也皇氏云享有四種一是諸侯來朝天子饗之則周禮大行人職云上公之禮其享禮九獻是也其牲則體薦體薦則房烝故春秋宣十六年左傳云享有體薦又國語云王公立飫則有房烝其所云飫即謂饗也立而成禮謂之爲飫也其禮亦有飫食故舂人云凡饗食共其食米鄭云享有食米則饗禮兼燕與食是也二是王親戚及諸侯之臣來聘王饗之禮亦有飯食及酒者親戚及賤臣不須禮隆但示慈惠故並得飲食之也其酌數亦當依命其牲折俎亦曰殽烝也故國語云親戚宴饗則有餚烝謂以燕禮而饗則有之也又左傳宣十六年云享有體薦宴有折俎公當享卿當宴王室之禮也時定王享士會而用折俎以國語及左傳故知王親戚及諸侯之大夫來聘皆折俎饗也其饗朝廷之臣亦當然也三是戎狄之君使來王享之其禮則委饗也其來聘賤故王不親饗之但以牲全體委與之也故國語云戎翟貪而不讓坐諸門外而體委與之是也此謂戎狄使臣賤之故委饗若夷狄君來則當與中國子男同故小行人職掌小賓小客所陳牲牢當不異也四是享宿衛及耆老孤子則以醉爲度故酒正云凡饗士庶子享耆老孤子皆共其酒無酌數鄭云要以醉爲度食禮者有飯有殽雖設酒而不飲其禮以飯爲主故曰食也其禮有二種一是禮食故大

行人云諸公三食之禮有九舉及公食大夫禮之屬是也二是燕食者謂臣下自與賓客旦夕共食是也按鄭注曲禮酒漿處右云此大夫士與賓客燕食之禮燕禮者凡正享食在廟燕則於寢燕以示慈惠故在於寢也燕禮則折俎有酒而無飯也其牲用狗謂爲燕者詩毛傳云燕安也其禮最輕升堂行一獻禮畢而說屨升堂坐飲以至醉也儀禮猶有諸侯燕禮一篇也然凡燕禮亦有二種一是燕同姓二是燕異姓若燕同姓夜則飲之其於異姓讓之而止故詩湛露天子燕諸侯篇鄭箋云夜飲之禮同姓則成之其庶姓讓之則止其此燕饗食致仕之老皇氏云則當用正饗正食正燕之禮以其有賢德者不可以褻禮待之其饗死事之老不必有德又是老人不宜久立當用折俎之饗燕食之食老人不合夜飲當用異姓之燕禮○注兼用至秋冬○正義曰兼用之備陰陽者以燕之與饗是飲酒之禮是陽陽而無陰食是飯飯是陰陰而無陽周兼用之故云備陰陽也云凡飲養陽氣凡食養陰氣者郊特牲文所以飲養陽者飲是清虛陽氣之象食是形質陰體之義云陽用春夏陰用秋冬者按郊特牲云饗禘有樂而食嘗無樂是故春禘而秋嘗享與禘連文故知饗在春食與嘗連文故知食在秋彼不云冬夏者彼是殷禮此言冬夏者據周法也或鄭因春而言夏因秋而見冬雖周冬

夏不養老也就如熊義去冬夏則一年有五養老也又春合舞秋合聲即是春秋養老之事冬夏更無養老通季春大合樂有三養老也熊氏以爲春秋各再養老故爲一年七養老也去冬夏猶爲五義實可疑皇氏云春夏雖以飲爲主亦有食先行饗次燕次食秋冬以食爲主亦有饗先行食次燕次享一日之中三事行畢義或然也○五十至諸侯○此謂子孫爲國死難而王養其父祖也五十始衰故養於鄉學○六十養於國者六十漸衰養禮彌厚故養之於小學小學在國中也○七十養於學者七十大衰養禮轉重故養於大學○達於諸侯者言此養老之事非惟天子之法乃通達於諸侯盧王等以爲養於鄉云不爲力政養於國云不與服戎皆謂養庶人之老也非鄭義故鄭注云國中小學也○注國國至明矣○正義曰養於國與養於學文相對故知國亦是學也六十少於七十者六十者宜養於小學七十者宜養於大學故云國國中小學云在王宫之左者據上文而知云小學在國中大學在郊此殷制明矣者以上文云小學在公宫南之左大學在郊下文云殷人養國老於右學養庶老於左學貴右而賤左小學在國中左也大學在郊右也與殷同也故云此殷制明矣以此篇從上以來雖解爲殷制無正據可馮因此小學大學是殷制不疑故云明矣

○八十

拜君命一坐再至瞽亦如之九十使人受[命謂君不親饗食必以其禮致之○瞽音古]五十異粻六十宿肉七十貳膳八十常珍九十飲食不離寢膳飲從於遊可也[粻糧也貳副也遊謂出入止觀○粻涉良反離力智反觀古亂反]六十歲制七十時制八十月制九十日脩唯絞紟衾冒死而后制[絞紟衾冒一日二日而可爲者○絞戶交反紟其鴆反冒亡報反]五十始衰六十非肉不飽七十非帛不煖八十非人不煖九十雖得人不煖矣[煖溫○煖乃管反下同]五十杖於家六十杖於鄉七十杖於國八十杖於朝九十者天子欲有問焉則就其室以珍從[尊養之○從才用反]

又如字○七十不俟朝大夫士之老者揖君則退八十月告存每月致膳

九十日有秩秩常也有常膳五十不從力政六十不與服戎七十不與賓客之事八十齊喪之事弗及也力稍衰也力政城道之役也與與及也八十不齊則不祭也子代之祭是謂宗子不孤○與音預下及注同

五十而爵賢者命爲大夫六十不親學不能備弟子禮七十致政唯衰麻爲喪致政還君事○〔疏〕八十至爲喪○正義曰此一節論老人力衰與少不同之事各隨文解之○七十養於大學至於八十年漸衰弱不堪來學受養君以饗食之禮使人就家致之其受君命之時理須再拜不堪爲勞一坐於地而首再至於地贅人無目恐其傾倒拜君命之時亦當如此故云亦如之○五十至可也○自此以下雜記卿大夫士及庶人年老節制在家自養之法隨年爲品也○五十異粻者粻糧也五十始衰糧宜自異不可與少壯者同也○六十宿肉者轉老故恒宿肉在帳下不使求而不得也○七十貳膳者貳副也膳善

食也恒令善食有儲副不使有闕也○八十常珍者珍謂常
食之皆珍奇美食尋常使有○九十飲食不離寢者謂老人
飲食無時或急求須得故不離於寢○膳飲從於遊可也者
謂美善之膳水漿之飲從於老人所遊之處其理可也○六
十至后制○六十歲制者明老而預爲送終之具也年既衰
老故逆辦之也歲制謂棺也不易可成故歲制然此謂大夫
以下耳人君即位爲椑不待六十也其椁則死後爲之以其
葬尚賒故檀弓云旬而布材是也○七十時制者時制謂一
時可辦是衣物之難得者是年轉老所須辦轉切也○八十
月制者月制謂一月可辦衣物易得者也漸老彌切也○九
十日脩者至九十棺衣皆畢但日日脩理之爲近於終故也
惟絞紟衾冒死而后制者此四物易成故生不逆爲須亡乃
制也故檀弓云一日二日而可爲也者君子弗爲也○七十
至有秩○此謂大夫士老年而聽致仕者則七十杖於國朝
君之時入門至朝位君出揖之即退不待朝事畢也若不聽
致仕則祭義云七十杖於朝八十不俟朝○八十月告存者
告謂問也君每月使人致膳告問存否○九十日有秩者以
至年老方極秩常也君則日使人以常膳致之故云日有秩
○注大夫至則退○正義曰按儀禮大射卿大夫皆入門右
北面公降立于阼階之東南南鄉揖大夫大夫皆少進彼鄭

注云變爾言揖使近北者爾揖君則退謂就位君揖之時七十老者則退故祭義注云君揖之即退不待朝事畢其少壯者則待朝事之終也○注每月致膳○正義曰經直云月告存知非直遣人告問存否必知致膳者以下云九十日有秩上文云天子欲有問焉則就其室以珍從明八十每月告存之時必當致膳也○注力稍至不孤○正義曰以上文歲制及杖於家之屬兼含大夫士及庶人之老此五十不從力政及不與服戎惟據庶人之事故云力政城道之役也謂築城垣治道也其大夫士六十未致仕若爲軍將當與服戎故知此據庶人也按異義禮戴說王制云五十不從力政六十不與服戎易孟氏韓詩說年二十行役三十受兵六十還兵古周禮說國中自七尺以及六十野自六尺以及六十有五皆征之許慎謹按云五經說皆不同是無明文所據漢承百王而制二十三而役五十六而免六十五已老而周復征之非用民意是許以周禮爲非鄭駁之云周禮是周公之制王制是孔子之後大賢所記先王之事周禮所謂皆征之者使爲胥徒給公家之事如今之正衛耳六十而不與服戎胥徒事暇坐息之間多其五歲又何太違之云徒給公家之事云非用民意取王制所云力政挽引築作之事所謂服戎謂從軍爲士卒也二者皆勞於胥徒故早舍之如鄭此言力政田役

爲重故云五十免之故此五十不從力政祭義云五十不爲甸徒也戎事差輕六十不與服戎及孟氏說六十還兵是也胥徒又輕故野外六十五猶征之若四郊之内以其多役其胥徒之事六十則免初受役之時始年二十也其野王城之外力役又少胥徒之事十五則征之至六十五其力政之事皆二十受之兵革之事則三十受之故易孟氏詩韓氏皆云二十行役三十受兵也云是謂宗子不孤者以父是宗子年已八十子則代之而祭若父不爲宗子則不主祭祀無祭可代今已是父嫡子代父而祭之是有父之宗子按喪服云宗子孤爲殤以無父則稱孤明有父則不孤故云是謂宗子不孤也○注賢者命爲大夫○正義曰經文云五十而爵鄭知非命爲士而云大夫者以王制殷法殷則士無爵此經云而爵故知是大夫也此謂凡常之人有賢德故五十始爲大夫若其有德不必五十則喪服小功章云大夫爲昆弟之長殤是幼爲大夫爲兄之長殤

○有虞氏養國老於上庠養庶老於下庠夏后氏養國老於東序養庶老於西序殷人養國老於右學養庶老於左學周人

養國老於東膠養庶老於虞庠虞庠在國之西郊皆學名也異者四代相變耳或上西或上東或貴在國或貴在郊上庠右學大學也在西郊下庠左學小學也在國中王宮之東東序東膠亦大學在國中王宮之東西序虞庠亦小學也西序在西郊周立小學於西郊膠之言糾也庠之言養也周之小學爲有虞氏之庠制是以名庠云其立鄉學亦如之膠或作絿○糾居黝反徐居酉反絿音求又音蚪

有虞氏皇而祭深衣而養老夏后氏收而祭燕衣而養老殷人冔而祭縞衣而養老周人冕而祭玄衣而養老玄冕屬也畫羽飾焉凡冕屬其服皆玄上纁下有虞氏十二章周九章夏殷未聞凡養老之服皆其時與羣臣燕之服有虞氏質深衣而已夏而改之尚黑而黑衣裳殷尚白而縞衣裳周則兼用之玄衣素裳其冠則弁追章甫委貌也諸侯以天子之燕服爲朝服燕禮曰燕朝服服是服也王者之後亦以燕服爲之魯季康子朝服以縞僭宋之禮也天子皮弁以日視朝也○皇音皇本又作皇冔況甫反縞古

老反又古報反纏許云反牟亡侯反追丁雷反凡三王養老皆引年已而引戶校年當行復除也老人衆多非賢者不可皆養。復除上音福下如字又直慮反八十者一子不從政九十者其家不從政廢疾非人不養者一人不從政廢廢於人事。養如字又以尚反父母之喪三年不從政齊衰大功之喪三月不從政將徙於諸侯三月不從政自諸侯來徙家期不從政自從也。期音基。〔疏〕有虞至從政。正義曰此一節明養致仕老及庶人老給賜之事各依文解之。注皆學至如之。正義曰此四代養老之處雖其名不同以殷人云右學左學虞氏云上庠下庠學記云黨有庠文王世子云學干戈羽籥於東序以此約之故知皆學名也養老必在學者以學教孝悌之處故於中養老熊氏云國老謂卿大夫致仕者庶老謂士也皇氏云庶老兼庶人在官者其致仕之老大夫以上當養從國老之法士養從庶老之法故外饔云邦饗

耆老掌其制予鄭注引此周人養國老於東膠養庶老於虞
庠是也虞殷尚質貴取物成故大學在西小學在東夏周貴
文取積漸長養故大學在東小學在西故云上庠右學大學
也在西郊下庠左學小學也在國中王宮之東以虞殷質俱
貴於西故併言之夏周為文皆上東故亦併言之云東序東
膠亦大學在國中王宮之東西序虞序亦小學也西序在西
郊周立小學於西郊是也云周之小學為有虞氏之庠制者
庠則後有室前有堂若夏后氏之序及周之學所在序者皆
與庠制同其州黨之序則歐前而己序則豫也故鄉射云豫
則鉤楹內堂則由楹外彼鄭注豫讀如成周宣謝災之謝是
也云其立鄉學亦如之者言鄉學亦為庠制故上文云耆老
皆朝于庠是也周大學在國之西郊鄭駮異義云三靈一雍
在郊者熊氏云文王之時猶從殷禮故辟廱大學在郊劉氏
以為府之小學為辟廱在郊。注皇冕至朝也。正義曰以
皇與下冕相對故為冕屬按周禮有設皇邸又云有皇舞皆
為鳳皇之字鳳羽五采故云畫羽飾之按上注云虞夏之制
天子服有日月星辰此云夏殷未聞者以皐陶謨謂之虞夏
書因彼之成文故云虞夏之制其實惟謂虞也云凡養老之
服皆其時與羣臣燕之服鄭知然者以經云夏后氏燕衣而
養老周人玄衣而養老周人燕用玄衣故知養老燕羣臣之

服也云有虞氏質深衣而已者深衣謂白布衣以質用白布而已其冠未聞皇氏云以爲養老首還服皇冠崔氏云以爲與夏周同未知然否按郊特牲云大古冠布齊則緇之大古則虞氏或用白布冠也云夏而政之尚黑而黑衣裳者以殷人尚白用縞衣夏既尚黑燕衣黑衣也云殷尚白而縞衣裳者縞白色生絹亦名爲素此縞衣謂白白布深衣也云周則兼用之玄衣素裳者以經云玄衣而養老若衣裳俱玄則與夏不異又儀禮朝服緇布衣素裳緇則玄故爲玄衣素裳上養老云周人脩而兼用之故養老之衣亦脩而兼用之云其冠則牟追章甫委貌也者按儀禮朝服首著玄冠玄冠即委貌以此推之則殷之朝服則皆著章甫之冠夏之朝服著牟追云諸侯以天子之燕服爲朝服者以燕禮冠諸侯燕臣子用朝服明天子之燕亦朝服也引燕禮曰燕朝服諸者證朝燕同云服是服也者言燕時服是玄衣素裳之服崔氏云天子燕畿內諸侯以緇衣燕畿外諸侯以玄冠諸侯各以爲朝服事無明文不可依也云王者之後亦以燕服爲之者玉藻云魯季康子朝服以縞若當時無朝服以縞康子不應服之明是宋人所著故康子借效之宋既朝服以縞杞當朝服以玄云天子皮弁以日視朝也者玉藻文引之者證天子以諸侯朝服之別按詩頍弁注云禮天子諸侯朝服以燕天子之朝服

以皮弁服以皮弁服燕不用玄衣者詩所謂燕同姓諸公及異姓甥舅等故用皮弁尙質故也若燕其諸侯則用玄衣明諸侯則朝服以日視朝朝服則玄冕素裳也冠禮注云周弁殷冔夏收鄭云弁名出於槃槃大也言所以自光大也冔名出於幠幠覆也所以自覆飾也收言所以收斂髮也其制之異亦未聞冠禮記又云委貌周道也章甫殷道也毋追夏后氏之道也鄭注云委猶安也言所以安正容貌章明也殷質言以表明丈夫也毋發聲也追猶堆也夏后氏質以其形名之其制之異同未聞○將從至從政○此謂大夫采地之民徙於諸侯爲民以其新從當須復除但諸侯地寬役少爲人所欲故惟三月不從政○自諸侯來從於家者謂諸侯之民來徙於大夫之邑以大夫役多地狹欲令人貪之故期不從政按旅師云新甿之治皆聽之使無征役鄭注引此文以證之是據民之遷徙王肅及庾氏等以爲據仕者從大夫家出仕諸侯從諸侯退仕大夫非鄭義也○

○少而無父者謂之孤老而無子者謂之獨老而無妻者謂之矜老而無夫者謂之寡此四者天民之窮而無告者也皆有

常餼餼廪也。少詩照反下注少者同矜本又作鰥同古頑反廪兵品反疏少而至常餼正義曰此一節論矜恤鰥寡孤獨之事無妻無夫謂之矜寡者按孝經云男子六十無妻曰鰥婦人五十無夫曰寡舜年三十而尚書謂之鰥者以其父頑母嚚無爲娶之端故雖三十而亦稱鰥詩云何草不黃何人不矜據久役在外嫁娶失時亦謂之爲矜矜與鰥同其男子無妻亦謂之寡左傳云崔杼生成及彊。而寡按劉熙釋名云無妻曰鰥愁悒不能寐目恒鰥鰥然其字從魚魚目恒不閉無夫曰寡寡倮也倮然單獨也無父曰孤孤顧也顧望無所瞻見也無子曰獨獨鹿也鹿鹿無所依也

○瘖聾跛躃斷者侏儒百工各以其器食之斷謂支節絕也侏儒短人也器能也。瘖於金反啞也聾力東反跛彼我反躃必亦反兩足不能行也侏音朱疏瘖聾至食之。正義曰此一節論矜恤疾民之事瘖謂口不能言聾謂耳不聞聲跛躃謂足不能行斷者謂支節解絕侏儒謂容貌短小百工謂有雜技藝此等既非老無告不可特與常餼既有疾病不可不養以其病尚輕不可虛費官物故各以其器食之器能也因其各有所能供官役使以廪餼食之按晉語云文公問八疾胥臣對云戚施權。鎛注云使擊鍾

蘧除蒙璆注云璆是玉磬使擊之侏儒扶盧注云扶持也盧戟柄也矇瞍循聲注云歌詠琴瑟聾聵司火注云使主然火其童昏嚚瘖憔僥官師所不材宜於掌。土是各以器食之外傳不云跛躄此不云蘧蒢戚施設文不具外傳瘖與憔僥置於掌。土此瘖與侏儒其器食之者今古法異也○道路男子由右婦人由左車從中央道中三塗。遠別也。別彼別反下文并注同父之齒隨行兄之齒鴈。行朋友不相踰廣敬也謂於塗中。行如字一音戶剛反下鴈行同輕任并重任分班。白。不提挈皆謂以與少者雜色曰班。并必性反本又作併提音啼挈本亦作挈苦結反〔疏〕輕任并重任分。正義曰父齒者也任謂有擔負者俱應擔負老少並輕則併與少者擔之也。重任分者老少並重不可併與少者一人則分爲輕重重與少者輕與老者君子耆老不徒行庶人耆老不徒食徒猶空也○大夫祭器不假祭器未成不造燕器造爲也〔疏〕大夫祭器不假。正義曰

皇氏云此謂有地大夫故祭器不假若無地大夫則當假之故禮運云大夫祭器不假聲樂皆具非禮也謂無地大夫也

〇方一里者爲田九百畝一里方三百步方十里者爲方一里者百爲田九萬畝方百里者爲方十里者百爲田九十億畝億今十萬。億於力反方千里者爲方百里者百爲田九萬億畝萬億今萬萬也

【疏】方一至億畝。正義曰此一節論開方之法總計天子畿外內諸侯之地大小各依文解之。方一里者爲田九百畝按論語云步百爲畝是長一百步闊一步畝百爲夫是一頭也長闊一百步夫三爲屋是三頭也闊三百步長一百步屋三爲井是九百畝也長闊一里。注億今十萬。正義曰方十里爲田九萬畝方百里者爲方十里者百一箇十里之方既爲田九萬畝則十箇十里之方爲田九十萬畝一百箇十里之方爲田九百萬畝今云九十億畝是一億有十萬十億有一百萬九十億爲九百萬畝故云億今十萬尹文子云百姓千品萬官億醜皆以數相十此謂小億也此鄭氏所用毛詩傳云

數萬至萬曰億是大億也非鄭義。注萬億今萬萬也。正義曰計千里之方爲方百里者百一箇百里之方既爲九十億畝則十箇百里方爲九百億畝百箇百里方爲九千億畝今乃云九萬億畝與數不同者若以億言之當云九千億畝若以萬言之當云九萬萬畝但晝經戰國及秦之世經藉。錯亂此經上下或億或萬字相交涉遂誤爲萬億鄭未注之前書本既爾鄭更不顯言其錯因此錯本萬億之言即云此經萬億者即今之萬萬皇氏以爲億數不定或以十萬爲億或以萬萬爲億或以一萬爲億此云萬億者秖是萬萬也六國時或將萬爲億故云萬億但古事難委未知孰是故備存焉

○自恒山至於南河千里而近冀州域自南河至於江千里而近豫州域自江至於衡山千里而遥荊州域自東河至於東海千里而遥徐州域自東河至於西河千里而近亦冀州域自西河至於流沙千里而遥雍州域。雍於用反西不盡流沙南不盡衡山

東不盡東海北不盡恒山凡四海之內斷長補短方三千里爲田八十萬億一萬億畝九州之大計○斷音短方百里者爲田九十億畝山陵林麓川澤溝瀆城郭宮室塗巷三分去一其餘六十億畝以一大國爲率其餘所以授民也山足曰麓○去羌呂反率音律又音想

〔疏〕自恒至億畝○正義曰此一節論四海之內地遠近里數也言千里而近者皇氏云此恒山至南河以千里言之其地稍近言不滿千里下云自江至於衡山千里而遥謂以千里言之其地稍遠言不啻千里熊氏以爲近者謂過千里遥者謂不滿千里其義似非也其餘遥近皆放此也○爲田八十萬億一萬億畝以一州方千里九州方三千里三三如九爲方千里者有九一箇千里有九萬億畝九箇千里九九八十一故有八十一萬億畝但記文詳具於八十整數之下云萬億是八十箇萬億又云一萬億言是詳也以前文誤爲萬億此則因前文之誤更以萬億言之

○古者以周尺八

尺爲步今以周尺六尺四寸爲步古者百畝當今東田百四十六畝三十步古者百里當今百二十一里六十步四尺二寸二分周尺之數未詳聞也

按禮制周猶以十寸爲尺葢六國時多變亂法度或言周尺八寸則步更爲八八六十四寸以此計之古者百畝當今百五十六畝二十五步古者百里當今百二十五里○

疏古者至二分○正義曰古者八寸爲尺今以周尺八尺爲步則一步有六尺四寸今以周尺六尺四寸爲步則一步有五十二寸是今步比古步每步剩出一十二寸以此計之則古者百畝當今東田百五十二畝七十一步者餘與此百四十六畝三十步不相應也又今步每步剩古步十二寸以此計之則古之百里當今百二十三里一百一十五步二十寸與此經百二十一里六十步四尺二寸二分又不相應故鄭云六國時多變亂法度經云錯亂不可用也○注按禮至五里○正義曰王人職云鎮圭尺有二寸又云桓圭九寸是周猶以十寸爲尺也今經云以周尺六尺四寸爲步乃是六十四寸則謂周八寸爲尺也故云葢六國時多變亂法度或言

周尺八寸也鄭即以古周尺十寸爲尺八尺爲步則步八十寸鄭又以今周尺八寸爲尺八尺爲步則今步皆少於古步一十六寸也是今步別剩十六寸云以此計之者謂以古步又以今周尺八寸八尺爲步外剩十六寸而計之則古之四步剩出今之一步古之四十步爲今之五十步古之八十步爲今之一百步計古之一畝之田長百步得爲今田一百二十五步是今田每一畝之上剩出二十五步則方百畝之田從北嚮南每畝剩二十五步摠爲二千五百步從東嚮西每畝二十五步亦摠爲二千五百步相併爲五千步是摠爲五十畝又西南一角南北長二十五步應南畔所剩之度東西亦長二十五步應西畔所剩之度計方二十五步開方乘之摠積得六百二十五步六百步則爲六畝餘有二十五步故云古者百畝當今百五十六畝二十五步也又古四步剩今一步則古者四里剩今一里爲五里則古者四十里剩今十里爲五十里則古者八十里剩今二十里摠爲百里是古者八十里爲今百里今之百里之外猶有古之二十里四里剩一里共古二十里爲今之二十五里故云古者百里當今百二十五里

○方千里者爲方百里者百封方百里者三十國其餘方百里

者七十又封方七十里者六十爲方百里者二十九方十里者四十其餘方百里者四十方十里者六十又封方五十里者百二十爲方百里者三十其餘方百里者十方十里者六十名山大澤不以封其餘以爲附庸閒田諸侯之有功者取於閒田以祿之其有削地者歸之閒田【疏】方千至閒田○正義曰此一經論畿外九州建國之法九州州別方千里凡千里之方以開方計之爲方百里者凡有一百故云爲方百里者百封方百里者三十國者前文云立大國三十故此云封方百里者三十國謂公也以百中去三十故其餘方百里者有七十又封方七十里者六十爲方百里者二十九方十里者四十謂侯國也凡百里之方開方計之爲十里之方百其七十里之國一用十里之方四十九七十里之國二則用十

里之方九十八則一箇百里爲七十里之國二剩十里之方二然則二十箇七十里之國用百里之方十剩十里方有二十七十里之國六十用百里之方三十剩十里之方六十今就百里之方三十里之中抽去十里之方六十是用百里之方二十九方十里者四十故其餘方百里者四十方十里者六十又封方五十里者百二十者上云小國百二十謂伯國也凡百里之方一封五十里之國四則十箇百里之方封五十里之里四十今小國百二十故用百里之方三十則其餘方百里者十方十里者六十以爲附庸閒田。天子之縣内方千里者爲方百里者百封方百里者九其餘方百里者九十一又封方七十里者二十一爲方百里者十方十里者二十九其餘方百里者八十方十里者七十一又封方五十里者六十三爲方百里者十五方十里者七十五其餘方百里者六十四方十里者九十六［疏］天子至十六○正義曰天子縣內地方千里爲方百里者百旣用九箇擬封百里之國故其餘方百里者九十一也○又封方七十者二十一者凡百里之方十爲七十里之國二十剩十里之方二十今以十里之方二十又更取其外十里之方二十九添前二十爲四十九爲七十里之國一是次國二十一也揔用百里之方十十里之方二十九是其餘方百里者八十方十里者七十一又封方五十里者六十三者謂小國也凡百里之方一爲五十里之國四則百里之方十爲五十里之國四十又百里之方五爲五十里之國二十揔爲五十里之國六十更有五十里之國三凡一箇五十里之國用十里之方二十五則三箇五十里國揔用十里之方七十五是用地方百里者一十五方十里者七十五是其餘方百里者六十四方十里者九十六然畿外千里封國之外所餘地少其畿內千里所餘地多者以畿外之土本擬封建諸侯故國數多餘地少畿內本供天子又有郊關鄉遂準擬公卿王子弟采邑故建國數少餘地多

○諸侯之下士祿食九人中士食十八人上士食三十六人

下大夫食七十二人卿食二百八十八人君食二千八百八十人次國之卿食二百一十六人君食二千一百六十人小國之卿食百四十四人君食千四百四十人次國之卿命於其君者如小國之卿天子之大夫爲三監監於諸侯之國者其祿視諸侯之卿其爵視次國之君其祿取之於方伯之地方伯爲朝天子皆有湯沐之邑於天子之縣內視元士給齊戒自絜清之用浴用湯沐用潘○間田音閑下同祿食音嗣又如字下皆同爲朝于僞反潘芳袁反米汁也諸侯世子世國象賢也大夫不世爵使以德

爵以功謂縣內及列國諸侯爲天子大夫者不世爵而世祿辟賢也○辟音避○未賜爵

視天子之元士以君其國列國及縣內之國也諸侯之

大夫不世爵祿○六禮冠昏喪祭鄉相見鄉鄉飲酒鄉射○冠古亂反○七教父子兄弟夫婦君臣長幼朋

友賓客八政飲食衣服事爲異別度量數制飲食爲上衣服次之事爲謂百工技藝也異別五方用器不同也度丈尺也量斗斛也數百十也制布帛幅廣狹也○長丁丈反斛洪谷反福芳服反狹戶甲反○【疏】諸侯至數制○正義曰此一節論臣之世與不世之事今各隨文解之○前以有諸侯之下士以上及大夫卿君故此依前而釋也諸侯之士既明則天子士同之可知故此文發畿外之鄉也前云諸侯下士視上農夫故有九人也前云上士倍中士故三十六也前云下大夫倍上士則食七十二人前云卿四大夫祿則二百八十八人○君食二千至之鄉○君謂大國之君也前云君十鄉祿故

二千八百八十人次國之卿食二百一十六人者謂夏伯殷侯周則侯伯國也此大夫以下亦如大國大夫而卿惟得三大夫祿耳故特言卿也○君食二千一百六十人者君亦十卿祿也○小國之卿食百四十四人者小國謂夏周子男○殷之伯國也大夫以下亦如大國大夫而卿則二大夫祿耳其君食千四百四十人者君亦十卿祿也○次國之卿命於其君○大國三卿皆命於天子則其祿各食二百八十八人若次國三卿二卿命於天子祿各食二百一十六人而一卿命於其君爲賤則祿不可等命天子者故視小國卿小國卿食一百四十四人也其若子男一卿命於天子二卿命於其君則祿猶如此其命天子卿無以異也其國小故不復差降也或云視大夫也其天子之士卿大夫無文宜準大國之卿大夫士也○注給齊至用濟○正義曰以方伯朝天子故給以湯沐之邑○按前文云不能五十里曰附庸又云元士視附庸以湯沐之邑視元士亦五十里以下異義公羊說諸侯朝天子天子之郊皆有朝宿之邑從泰山之下皆有湯沐之邑左氏說諸侯有功德於王室京師有朝宿之邑泰山有湯沐之邑魯周公之後鄭宣王母弟此皆有朝湯沐邑其餘則否許慎謹按京師之地皆有朝宿邑周千八百諸侯盡京師地不能容之不合事理之宜是許慎不從公羊之說鄭无駁當

從許説○注謂縣至賢也○正義曰知此大夫是天子大夫者以下云諸侯之大夫不世爵禄此直云大夫不世爵與諸侯大夫文異故知是天子大夫也知是縣内及列國諸侯入爲天子大夫者按禮運云天子有田以處其子孫則周召畢原之等是縣内諸侯也詩衞武公入相於周又列國諸侯齊侯爲虎賁衞侯爲司冦是列國諸侯也並入爲天子大夫按司褒諸侯則共熊侯豹侯是畿内亦曰諸侯此不云諸侯而云大夫者辟上諸侯世子之文故云大夫然畿内諸侯有爲三公則周召是也列國諸侯入爲六卿則鄭武公是也今摠云爲天子大夫者若言公卿大夫於文爲煩故摠言大夫以包之詩云三事大夫謂三公也春秋諸侯殺大夫謂卿也是大夫爲摠號○未賜爵視天子之元士以君其國○未賜爵謂列國諸侯及縣内諸侯其身既死其子未得爵賜其衣服禮制視天子元士若畿外者君其本國畿内者亦君畿内之國故鄭注云列國及縣内之國鄭必知兼畿外列國者以詩小雅韎韐有奭謂諸侯世子未遇爵命服士服而來此云視天子之元士以君其國故知兼列國也其畿内諸侯有大功德元于出封畿外則王命次子守其采邑若其賢才則世爲公卿則春秋周公召伯之屬是也○諸侯之大夫不世爵禄○諸侯降於天子故大夫不世爵禄若有大功德亦得世之故

隱八年官有世功則有官族邑
亦如之是據諸侯卿大夫也

附釋音禮記注疏卷第十三

大清嘉慶二十年重刊宋本十三經注疏附校勘記

江西南昌府學栞

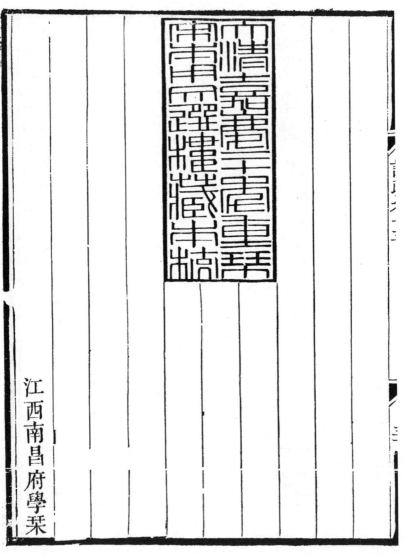

禮記注疏卷十三挍勘記　阮元撰盧宣旬摘録

附釋音禮記注疏卷第十三　惠棟挍宋本禮記正義卷第十九

王制

司徒脩六禮節

司徒脩六禮　閩監本同石經同岳本同嘉靖本同衞氏集說同毛本脩作修

司徒使鄉簡撰以告者　閩監本同岳本同嘉靖本同衞氏集說同毛本鄉誤卿

使轉徙其居　閩監本同岳本同嘉靖本同衞氏集說同毛本轉誤專惠棟挍宋本居作序轉字同通典五十三引亦作轉徙其序居

移居於司徒也　閩監毛本作名岳本同嘉靖本同衞氏集說同此本名誤居

不給其繇役　閩監毛本同岳本同嘉靖本同衞氏集說同釋文出徭役云本又作繇正義作繇○按依

說文當作傜从人䍃聲隸變而爲傜或假而爲繇作傜者俗字

棘當爲僰 惠棟挍宋本有爲字宋監本岳本嘉靖本同衛氏集說同此本爲字脫閩監毛本同

夏官卿掌邦政者 惠棟挍宋本作主宋監本岳本嘉靖本同此本主誤王閩監毛本作掌衛氏集說同案上注司空云冬官卿掌邦事者司徒云地官卿掌邦教者下注司寇云秋官卿掌刑者與此文法正同此亦當以作掌邦政者爲是

司徒至進士 惠棟挍宋本無此五字

謂以恩惠遂及之 閩本同監毛本遂作逮衛氏集說作謂以恩意逮及之

尊上賢人 閩監毛本作賢衛氏集說同此本賢誤貴

簡去不肖 監毛本作去衛氏集說同此本去誤法閩本同

皆司徒統領 閩監本作領考文引宋板同此本領誤須毛本誤理

夫司徒帥領國之英俊之士閩監毛本作領此本領誤頒惠棟挍宋本夫作大是也衛氏集說同

致仕則書傳略說云監毛本作傳衛氏集說同此本傳誤德閩本同

就黨學上齒惠棟挍宋本同閩監本上齒作習鄉毛本亦作習鄉就誤郎

各在一處監毛本作各此本各誤名閩本同

則不得同日也閩監毛本作日此本日誤曰

言經中習鄉謂飲酒者惠棟挍宋本作鄉此本鄉誤射閩監毛本同

云鄉禮春秋射者解習射之處也考文引宋板同閩監本同毛本上射誤弟

不別立黨學閩監本同考文引宋板同衛氏集說同毛本別誤必

既二百里爲野閩監本同考文引宋板亦作二毛本二誤一

鄙師主正齒位以否　閩本同惠棟挍宋本同監毛本以否作與

遠方至録也　閩監毛本同惠棟挍宋本作遠方九州之外齒猶錄也

但居夷狄之内畔　惠棟挍宋本作畔此本畔字闕閩本畔作也監毛本畔作地衛氏集說同

曰俊士之人　惠棟挍宋本作俊士此本俊下士字闕閩監本作俊選非毛本俊選作選俊尤非

十三入小學二十入大學　惠棟挍宋本同閩監毛本三作五衛氏集說同

餘子十五入小學　惠棟挍宋本同閩本同監毛本五誤三衛氏集說同

供學及司徒細碎之繇役也　惠棟挍宋本同閩本同衛氏集說監毛本供誤俱

舉其大綱　補各本綱作網案作網誤

教胄子者　閩監毛本作胄此本胄誤胃下胄子胄長同

春釋采合舞　閩監毛本采作菜衛氏集說同○按作采與周禮合

但遂其陰陽以爲偏主耳閩監毛本衛氏集說同惠棟按宋本遂作逐浦鏜按云逐誤遂

皆以四術造焉閩監毛本作焉此本焉誤馬

云大胥小胥皆樂官屬也者閩監毛本如此此本胥皆誤有相

故以爲偏迫於夷狄也考文引宋板同閩本迫字闕監毛本迫作寄非

又帝王世紀南北萬三千三百六十八里惠棟按宋本同衛氏集說同閩監毛三本闕帝王紀南北萬三千三百六十八十三字

漢地既然則古亦應爾惠棟按宋本同衛氏集說古作周閩監毛本然則古亦四字闕

大樂至進士閩監毛本如此此本至進二字倒

即知但入仕者閩監毛本同衛氏集說但作凡是也

司馬辨論官材節

司馬至士齒　惠棟挍宋本無此五字

故論語注云　閩監本同毛本注誤語考文引宋板作注

有發至發卒　閩監毛本同惠棟挍宋本作有發謂有軍師發卒

執技之事凡有三條　閩監本同衞氏集說同毛本事誤士條字殘闕

司寇正刑明辟節

左九棘　閩監本同岳本同嘉靖本同衞氏集說同毛本九誤右

假於鬼神時日卜筮　閩監本同石經同岳本同嘉靖本同衞氏集說同毛本卜誤不

今時持喪葬築蓋　閩監毛本如此岳本嘉靖本同衞氏集說同此本持誤特築誤葬今訂正

而辭不可習　惠棟挍宋本作明宋監本岳本嘉靖本同考文引足利本同此本明誤習閩監毛本同衞

氏集說同

譏呵察閩監毛本同岳本同嘉靖本同衛氏集說同釋文出苛察云本亦作呵

司寇至異言惠棟按宋本無此五字

言斷其罪過閩監毛本同惠棟按宋本其作人衛氏集說作謂斷人罪過

可以弁冕服金革之事閩監毛本作草此本革誤華

閔子性孝惠棟按宋本作孝此本孝誤善閩監毛本同蓋涉上孔子蓋善之也善字而譌

正以獄成告於大司寇者閩監毛本作以此本以誤於

又列獄成之辭閩監毛本同惠棟按宋本列作以衛氏集說同

大司寇得正之告閩監毛本作正此本正誤王

聽獄訟成以告於王也惠棟按宋本作聽衛氏集說同此本聽誤一閩監毛本一改以

亦非

如今劾矣　惠棟挍宋本亦作矣與周禮鄉士注合閩監毛本矣誤奏

卽是囚之狀辯爲要狀　閩監毛本同惠棟挍宋本上狀作伏辯下有録字衛氏集說録字亦有狀字同

槐之言懷也　閩監毛本作槐此本槐誤椐

故知司寇及正在焉　閩監毛本作正此本正誤王

則王令三公會其期　閩本同惠棟挍宋本同監毛本令誤命

左道至俗禁　閩監毛本同惠棟挍宋本作左道若巫蠱及俗禁

右貴左賤　閩監毛本作貴此本貴誤賢

初江充曾犯大子　閩監毛本作子此本子誤人

後王將老欲立大子閩本同惠棟挍宋本同監毛本後王將作見上年

湖關老人閩監本同毛本湖作壺盧文弨云壺字是

故思子望子歸來閩監毛本同齊召南云當作築思子宮刊本相沿誤脫築字宮字耳

鄭子臧好聚鷸冠監毛本作鄭此本鄭誤辨閩本此字闕

○行僞至衆殺○閩本如此此本下○脫監本下○有上○脫毛本作下行僞至衆殺上改二○作下上字大誤

學非而博者閩監毛本作博此本博誤傳下而又廣博辨博而澤同

皆是尊貴所合蓄之物惠棟挍宋本作所衛氏集說同此本所誤於閩監毛本同

幅廣四尺八寸爲尺閩監毛本同惠棟挍本二尺字皆作咫是也

不得聳聚耳閩監本同毛本耳誤者衛氏集說不上有但字耳字同

大史典禮節

簡記策書也 閩監毛本同岳本同嘉靖本同衛氏集說同釋文策書作札書

大史至諱惡 惠棟挍宋本無此五字

天子齊戒受諫 閩監毛本作戒此本戒誤成

天子適諸侯必舍其祖廟 閩監毛本如此此本侯誤矦必誤畢

是亦諱諸侯之祖父也 惠棟挍宋本同衛氏集說同閩監毛本祖父誤禮籍

紂以甲子日死 閩監毛本作紂此本紂誤純

此惡亦兼餘事 惠棟挍宋本同衛氏集說同閩本兼字闕監毛本兼誤謂

天子齊戒受諫節 惠棟挍云天子齊戒受諫戒字起至疏知齊戒受諫是歲終者是字

此宋本闕

質平也 閩監毛本同岳本同嘉靖本同惠棟挍宋本宋監本平上有猶字衛氏集說同

質王受之 閩監毛本同嘉靖本同岳本質作贄衛氏集說同考文引宋板古本足利本同宋監本亦作贄

天子至國用 惠棟挍宋本無此五字

司會摠主羣官治要 閩毛本作主衛氏集說同此本主誤王監本同

若以周法言之 閩監毛本同衛氏集說同盧文弨云周法當作夏法

按夏傳司徒司馬司空三官 惠棟挍宋本作夏傳衛氏集說同此本夏傳誤曲禮

閩監毛本同

特自質於天子也 惠棟挍宋本此下標禮記正義卷第十九終記云凡十九頁

凡養老節 惠棟挍宋本自此至諸侯之下士節止爲第二十卷卷首題禮記正義卷第二十

凡養至諸侯 惠棟挍宋無此五字

論虞夏殷周　閩監毛本作周衞氏集說同此本周誤同

殽烝於俎行一獻之禮　閩監毛本同衞氏集說同浦鏜按於改折

以虞氏帝道宏大　按以乃有字之誤

享大牢以禮食之　惠棟按宋本同衞氏集說同閩監毛本享作饗按此本此疏享饗二字前後錯出閩監毛本則通作饗

體薦則房烝　閩監毛本作房衞氏集說同此本房誤戻

其禮亦有飫食　閩監毛本同惠棟按宋本飫作飯衞氏集說同

故春人云　監毛本作春衞氏集說同此本春誤春閩本春字闕

禮亦有飯食及酒者　惠棟按宋本作飯衞氏集說同此本飯誤飲閩監毛本同

親戚宴饗則有餚烝　監本作餚此本餚誤餚閩本同毛本作殽衞氏集說同

食與嘗連文故知食在秋惠棟挍宋本作與衛氏集說同此本與誤而閩監毛本同

六十者宜養於小學閩監毛本作者此本者字闕

八十拜君命節

遊謂出入止觀閩本同惠棟挍宋本同岳本同嘉靖本同衛氏集說同宋監本同釋文亦作止觀監毛本止誤上

九十日脩閩監本同石經同岳本同嘉靖本同衛氏集說同毛本脩作修

大夫士之老者揖君則退閩監毛本同岳本同嘉靖本同衛氏集說同惠棟挍宋本揖君作君揖案正義云君出揖之是君揖老者非老者揖君也朱子云注揖君當作君揖是南宋人所見本已誤倒也

八十至爲喪惠棟挍宋本無此五字

一坐於地而首再至於地惠棟挍宋本作至衛氏集說同此本至誤拜閩監毛本同

雜記卿大夫士　閩監毛本作卿此本卿誤婀

節制在家自養之法　惠棟挍宋本同監毛本自作食衞氏集說同閩本自字闕

故道辨之也　閩監毛本辨作辦下可辨須辦同

故歲制　閩監毛本作歲此本歲誤戚

漸老彌切也　惠棟挍宋本作漸此本漸誤斬閩監毛本漸作轉

故云力政城道之役也　閩監毛本作城此本城誤故

及孟氏說六十還兵是也　閩本同惠棟挍宋本同監毛本及誤又衞氏集說及作如

其野王城之外力役又少　惠棟挍宋本作役衞氏集說同此本役誤徒閩監毛本同

故易孟氏詩韓氏皆云　惠棟挍宋本作詩此本詩誤說閩監毛本同

經文云五十而爵　惠棟挍宋本作文此本文誤在閩監毛本文作直

則喪服小功章云　閩監毛本同衞氏集說則作故

有虞氏養國老於上庠節

虞庠在國之西郊　閩監毛本同石經同岳本同嘉靖本同衞氏集說同讀書脞録續編云據北史劉芳傳引作四郊盖西字誤也四郊小學卽東西南北之四學豈應偏置於西郊祭義又云天子設四學當入學而太子齒注云四學謂周四郊之虞庠也正義引皇氏云四郊虞庠以四郊皆有虞庠其爲四郊之説無疑又云文王世子凡語于郊者正義云郊西郊也周以虞庠爲小學在西郊以西方成就之地故也是孔氏所據本已誤○按孫志祖是也上大學在郊正義云周則大學在國小學在四郊下文具也卽據此文而言作四郊不作西郊此正文之僅存者文王世子凡語于郊正義既説西爲西方成就又云或偏在四郊亦兩存其義也

有虞氏皇而祭　閩監毛本同石經同岳本同嘉靖本同衞氏集說同正義本亦作皇釋文出𦏺云音皇本又作皇

縞衣而養老　閩監本同岳本同嘉靖本同衞氏集說同毛本縞誤鎬石經縞字闕

皇冕屬也　閩監毛本作皇岳本同嘉靖本同衞氏集說同此本皇誤元

其冠則牟追　閩監毛本作牟岳本同嘉靖本同衞氏集說同此本牟誤弁釋文出則牟追

將徙於諸侯　閩監本同石經同岳本同嘉靖本同衞氏集說同考文引宋板同毛本徙誤徒

有虞至從政　惠棟按宋本無此五字

此四代養老之處　閩監本同衞氏集說同毛本四誤三考文引宋板作四

大夫以上當養從國老之法　毛本作當此本誤堂正德本同閩本當字闕監本當誤○衞氏集說無當字

鄭注引此周人養國老於東膠　惠棟按宋本同衞氏集說同閩本引此二字闕監本誤作○注毛本改作王制二字亦非

貴取物成惠棟按宋本同閩監毛本物誤有衛氏集說同

讀如成周宣謝災之謝閩本同考文引宋本同監毛本謝作榭災作火衛氏集說同鄉射注作如成周宣榭災之榭案說文無榭字經傳通作謝荀子王霸篇臺謝甚高楊倞注云謝與榭同左氏穀梁宣十六年傳成周宣榭火釋文皆云榭本作謝

以皐陶謨謂之虞夏書惠棟按宋本同衛氏集說之字同閩毛本之字闕監本之誤○

周人燕用元衣惠棟按宋本作用衛氏集說同此本用誤月閩監毛本用誤服

其冠未聞惠棟按宋本作共冠衛氏集說同此本其冠誤質衣閩監毛本同

以爲與夏周同閩監毛本同衛氏集說惠棟按宋本無周字同下有冠字續通解同

追猶堆也監本同衛氏集說同毛本堆誤推閩本堆字漶滅

新甿之治皆聽之惠棟按宋本作甿衛氏集說同此本甿誤而閩監毛本同

少而無父者謂之孤節

少而至常餼 惠棟按宋本無此五字

崔杍生成及彊而寡 彊 閩監本同衛氏集說同毛本彊作

瘖聾節 惠棟按云瘖聾節道路節宋本分朋友不相喻以上合瘖聾節爲一節

瘖聾至食之 惠棟按宋本無此五字

戚施植鑄 惠棟按宋本作植毛本植作直此本植誤權閩監本同衛氏集說同通解亦作植○按作直與國語合

蘧除蒙璆 毛本同閩監本蘧除作籧篨衛氏集說同下蘧篨放此案國語晉語籧篨字從艸補音從竹

盧戟柄也 毛本作戟衛氏集說同此本戟誤戰閩監本同○按韋昭國語注柄作柲

矇瞍循聲 閩監本同衛氏集說同毛本循作修○按作修與國語合韋注云無目於音聲審故使修之

官師所不材 閩監毛本作材衛氏集說同此本材誤林

宜於掌土 閩監毛本同衛氏集說同通解同盧文弨挍掌改裔下置於掌土同○按盧文弨是也晉語作以實裔土注云裔荒裔

設文不具 閩監本作具考文引宋板同此本具誤其毛本同衛氏集說作說文不具

道路節 惠棟挍云輕任并以下宋本合下節君子者老二句爲一節

道中三途 閩監毛本同惠棟挍宋本中作有宋監本同岳本作道有三塗嘉靖本同衛氏集說同

兄之齒鴈行 閩監本同石經同岳本同嘉靖本同衛氏集說同毛本鴈作雁

斑白者不提挈 石經如此岳本同嘉靖本同衛氏集說同惠棟挍宋本亦有者字此本斑作班者字脫閩

監毛本斑字同者字亦脫釋文出提契云本亦作挈

雜色曰斑 閩監本作斑岳本同嘉靖本同衞氏集說同此本斑作班毛本同

輕任幷重任分 惠棟挍宋本無此六字

父齒老也 監本作老衞氏集說同此本老誤者閩毛本同

君子耆老節

徒猶空也 閩監本同岳本同嘉靖本同衞氏集說同毛本空誤黨

大夫祭器不假節 陳澔集說移此一節在上文燕衣不踰祭服寢不踰廟下

大夫祭器不假 惠棟挍宋本無此六字

方一里者節

方一至億畝 惠棟挍宋本無此五字

總計天子畿外內諸侯之地大小閩監本作大小衞氏集說同此本大小誤大大毛本誤大夫惠棟挍宋本作小大

經籍錯亂閩監本作籍衞氏集說同此本籍誤藉毛本同

字相交涉閩監毛本作涉衞氏集說同此本涉誤步

鄭未注之前閩監本作未考文引宋板同此本未誤朱

自恒山至於南河節

山陵林麓閩監毛本作陵石經同岳本同嘉靖本同衞氏集說同此本陵誤陽

自恒至億畝惠棟挍宋本無此五字

九州方三千里閩監本同衞氏集說同毛本三誤一考文云宋板作三

古者以周尺八尺爲步節

周尺之數閩監毛本作尺岳本同嘉靖本同衞氏集說同此本尺誤又

古者至二分惠棟挍宋本無此五字

當今東田百五十二畝閩監本同考文引宋板同衞氏集說同毛本五十二作二十五

七十一步有餘惠棟挍宋本作有衞氏集說同此本有誤者閩監毛本同

經文錯亂閩監毛本作文衞氏集說同此本文誤云

鎮圭尺有二寸閩監毛本作圭此本圭誤吉

乃是六十四寸閩監毛本作乃此本乃誤刀

則今步皆少於古步閩監毛本作少此本少誤步

是今步別剩寸六寸閩監毛本上寸作十衞氏集說同考文引宋板十六寸作六十寸

外剩十六寸而計之惠棟挍宋本作外衞氏集說同此本外誤小閩監毛本同

計古之一畝之田閩監毛本如此衞氏集說同此本一誤今田誤王

是今田每一畝之上閩監毛本作田此本田誤曰下則方百畝之田同

從北嚮南閩監毛本作北衞氏集說同此本北誤此

相併爲五千步惠棟挍宋本作併衞氏集說同此本併誤伊閩監毛本同

方千里者節

方千里者閩毛本同石經同岳本同嘉靖本同衞氏集說同監本方字闕

封方百里者三十國閩監毛本作三岳本同嘉靖本同衞氏集說同此本三誤二石經三十作卅

方千至閒田惠棟挍宋本無此五字

凡千里之方閩監毛本作千衞氏集說同此本千誤十

前文云立大國三十惠棟挍宋本同衞氏集說同閩本立字闕監毛本立誤。

剩十里方有二十閩監毛本如此此本下十誤一衞氏集說作剩十里之方二十

則其餘方百里者十閩監毛本作十衞氏集說同此本十誤一

天子之縣內節

天子至十六惠棟按宋本無此五字

畿內本供天子又有郊關鄉遂惠棟按宋本如此此本供字闕又誤之閩監毛本之字同供誤爲衞氏集說同

王子弟采邑閩監毛本作采衞氏集說同此本采誤木

諸侯之下士節惠棟按云諸侯之下士節宋本分諸侯之大夫不世爵祿以上爲一節六禮以下宋本另爲一節

卿食二百八十八人閩監本同石經同岳本同嘉靖本同衞氏集說同考文引宋板同毛本下八誤入

人下八政同

方伯爲朝天子 閩本同石經同岳本同嘉靖本同宋監本同衛氏集說同監毛本朝誤明釋文作爲朝考文引宋板亦作朝

給齊戒自潔清之用 閩監毛本同嘉靖本同衛氏集說同惠棟按宋本潔作絜岳本同釋文同宋監本同

鄉鄉飲酒 閩本同岳本同嘉靖本同衛氏集說同惠棟按宋本同宋監本同監毛本脫一鄉字

諸侯至數制 惠棟按宋本無此五字

前云諸侯下士視上農夫 閩監毛本作上衛氏集說同此本上誤下

前文下大夫倍上士 考文引宋板同閩監毛本文作云衛氏集說同

君食二千至之卿○ 閩監毛本同考文引宋板作君食二千八百八十人者

君食千四百四十八人者　惠棟挍宋本同衞氏集說同閩監毛本君上衍故字緣此本及宋板君上有空闕誤補也

按司褻諸侯則共熊侯豹侯　閩監毛本如此衞氏集說同此本褻誤亵熊作能

鄭必知兼畿外列國者　惠棟挍宋本作者衞氏集說同此本者誤賢閩監毛本同

謂諸侯世子未遇爵命　惠棟挍宋本作爵此本爵誤豹閩本同監毛本爵作錫衞氏集說同

則王命次子守其采邑　惠棟挍宋本如此衞氏集說同此本守誤行采作秩閩監毛本同

不世爵祿諸侯降於天子　閩監毛本同惠棟挍宋本祿下有者字

附釋音禮記注疏卷第十三終　惠棟挍宋本禮記正義卷第二十終記云凡十九頁宋監

本禮記卷第四經四千三百三十九字注五千一百六十一字嘉靖本禮記卷第四經四千四百三十字注五千一百五十八字

禮記注疏卷十三挍勘記